# 榆林窟

## 敦煌艺术的第二巅峰

邢耀龙 著

丝路物语 书系
总主编 李炳武

西安出版社

**图书在版编目（CIP）数据**

敦煌艺术的第二巅峰：榆林窟 / 邢耀龙著. — 西安：西安出版社，2023.8（2024.4重印）
ISBN 978-7-5541-6453-2

Ⅰ.①敦… Ⅱ.①邢… Ⅲ.①石窟—壁画—研究—榆林 Ⅳ.①K879.414

中国国家版本馆CIP数据核字(2023)第110824号

敦煌艺术的第二巅峰
# 榆林窟
DUNHUANG YISHU DE DI-ER DIANFENG
YULINKU

邢耀龙　著

| | |
|---|---|
| 出 版 人： | 屈炳耀 |
| 出版统筹： | 李宗保　贺勇华 |
| 策　　划： | 张正原 |
| 责任编辑： | 张正原 |
| 特约编辑： | 张丽卉 |
| 责任印制： | 尹　苗 |
| 出版发行： | 西安出版社 |
| 社　　址： | 西安市曲江新区 |
| | 雁南五路1868号影视演艺大厦11层 |
| 电　　话： | （029）85253740 |
| 邮政编码： | 710061 |

| | |
|---|---|
| 印　　刷： | 陕西龙山海天艺术印务有限公司 |
| 开　　本： | 787mm×1092mm　1/16 |
| 印　　张： | 17.75 |
| 字　　数： | 184千 |
| 版　　次： | 2023年8月第1版 |
| 印　　次： | 2024年4月第2次印刷 |
| 书　　号： | ISBN 978-7-5541-6453-2 |
| 定　　价： | 78.00元 |

如有印刷、装订问题，本社负责另换。

# 序一

## 阅读文物 拥抱文明

郑欣淼

文物所折射出的恒久魅力，已为越来越多的人所认识。今天呈现在读者面前的这部"丝路物语"书系，就是这一魅力的具体体现。

"让收藏在博物馆里的文物、陈列在广阔大地上的遗产、书写在古籍里的文字都活起来。"（习近平语）党的十八大以来，习近平总书记担负着实现中华民族伟大复兴的历史重任，饱含着对传统文化的深厚感情，让文物活起来始终为其所关注、所思考。让文物活起来，就是深入挖掘文物的内涵，充分发挥文物的作用。中国文物是中华民族的文明印记和精神标识，是全体中国人乃至全人类的珍贵财富；它对于激发人民群众对中华优秀传统文化的了解、认同和热爱，坚定文化自信，汇聚发展力量等作用是不言而喻的。

近年来，一些优秀的文物类书籍、综艺节目、纪录片、文化创意产品等不断涌现，文化遗产元素成为国家外交的桥梁，文物逐渐成为"网红"并受到越来越多年轻人的青睐，这些都充分彰显着"让文物活起来"已逐渐从理念转化为行动，那些在历史长河中积淀下来的文物珍存正在不断走近百姓、融入时代、面向世界。

说到文物，不能不把眼光聚焦于丝绸之路。人类社会交往的渴望推动了世界文明间的相互交融和渗透，中华文明与亚、欧、非三大洲的古代文明很早就发生接触，相互影响，相互交流。直到1877年，德国地理学家李希霍芬在他的著作《中国——我的旅行成果》里首次提出了"丝绸之路"的概念。近半个世纪以来，随着丝绸之路考古发现和学术研究的不断深入，极大地开阔了人们的视野。特别是"一带一路"倡议的全面推进，丝绸之路研究更成为国际显学。在古代文明交流史上，丝绸之路无疑是极其璀璨的一笔。它承载着千年古史，编织着四方文明。也正因为丝绸之路无与伦比的历史积淀，形成了独特的历史文化遗产，其数量之大、等级之高、类型之丰富、序列之完整、影响之深远，都是世所公认的。神秘悠远的古代城址、波澜壮阔的长城关隘烽燧遗址、精美绝伦的艺术品、气势磅礴的帝王陵墓、灿若星辰的宫观寺庙、瑰丽壮美的石窟寺……数不清道不尽的文物珍宝，足以使任何参观者流连忘返，叹为观止。2014年，"丝绸之路：长安—天山廊道的路网"成功跻身《世界文化遗产名录》，使丝绸之路迎来了新的历史机遇，也对广大文化文物工作者提出了新的要求。

"让文物说话，把历史智慧告诉人们。"这是习近平总书记的谆谆嘱托。中华文化优雅如斯，如何让文物说话，飞入寻常百姓家，是当下无数文化界人士亟待攻坚的课题，亦是他们光荣的使命。客观来讲，丝绸之路方面的论著硕果累累，但从一般读者角度，特别是从当下文化与旅游结合角度着眼的作品不多，十分需要一套全面系统地介绍丝绸之路文物故事的读物。令人欣喜的是，西安出版社组织策划了这套颇具规模的"丝路物语"书系，并由李炳武先生担任主编，弥补了这一缺憾。李炳武先生曾经长期在文物文化领域工作，也主持过"中华国宝·陕西珍贵文物集成""长安学丛书"和《陕西文物旅游博览》等大型文物类图书的编纂工作，得到了业界的充分肯定；加之丛书的作者都是有专业素养的学者，从而保证了书稿的质量。

如何驾驭丝绸之路这样一个纵贯远古到当今、横贯地中海到华夏大地的话题，对于所有编写者来说，都是具有挑战性的。这套书的优点或者说特点，可以概括为以下几个方面：

这套书最大的一个优点，就是大而全。从宏观的视野，用简明的线条，对陆上丝绸之路的博物馆、大遗址进行了全景式梳理，精心遴选主要文物，这些国宝的历史、艺术和科学价值在字里行间一一呈现。

丝绸之路文化遗产类型丰富，作者在文中并没有局限于文物本身的解读，还根据文物的特点做了大量的知识拓展，包括服饰的流变，宗教的传播，马匹的驯化，葡萄等水果的东传，纸张的发明和不断改进，医学的发展，乐器、绘画、雕刻、建筑、织物、陶瓷等视觉艺术的交互影响，等等。其中既有交往的结果，也有战争的推动。总体而言，这些内容是讲述丝绸之路时所不可或缺的内容，使读者透过文物认识了丝绸之路丰富的文化内涵。

值得称道的是，这套书采取探索与普及相结合的方式，图文并茂，力求避免学究气的艰涩笔调，加入故事性、趣味性，使文字更具可读性，达到雅俗共赏的目的。通过图书这一载体，能够使读者静静地品味和欣赏这些文物，传达出对历史的沉思和感悟，完善自己对文物、丝绸之路和文化的认知。读过这套书后，相信读者都会开卷有益，收获多多，文物在我们眼中也将会是另一番面貌。

我们有幸正处于坚持以人民为中心的改革发展伟大时代，每一件文物，都维系着民族的精神，让文物活起来，定会深入人心、蔚为大观。此次李炳武先生请我写序，初颇踌躇，披卷读来，犹如一场旅行，神游历史时空之浩渺无垠，遐思华夏文化之博大精深。兼善天下，感物化人历来是每一个中国知识分子的精神所属，若序言能为一部作品锦上添花，得而为普及民众的文物保护意识起到促进作用，何乐而不为？

是为序。

·郑欣淼·

原中国文化部副部长、故宫博物院原院长、中华诗词学会会长、著名历史文化学者。

# 序二

## 丝路物语话沧桑

李炳武

2013年9月，中国国家主席习近平访问哈萨克斯坦时，在纳扎尔巴耶夫大学发表演讲，首次提出共同构建"丝绸之路经济带"的宏伟倡议。2014年6月，"丝绸之路：长安—天山廊道的路网"成功跻身《世界文化遗产名录》。

丝绸之路是世界上路线最长、影响最大的文化线路。丝绸之路是指起始于古代中国的政治、经济、文化中心—古都长安（今西安）连接亚洲、非洲和欧洲的古代陆上商业贸易路线。它跨越陇山山脉，穿过河西走廊，通过玉门关和阳关，抵达新疆，沿绿洲和帕米尔高原通过中亚、西亚和北非，最终抵达非洲和欧洲，向南延伸到印度次大陆。这条伟大的道路沟通了中国、印度、希腊三大文明，全长一万多千米。它是一条东方与西方之间经济、政治、文化进行交流的主要道路，促进了欧亚大陆不同国家、不同文明之间在商贸、宗教、文化以及民族等方面的交流与融合，为人类社会的共同发展和繁荣做出了卓越贡献。

公元前138年，使者张骞受汉武帝派遣从长安出发，出使月氏。13年中，他的足迹踏遍天山南北和中亚、西亚各地。在随后的2000多年间，无数商贾、旅人沿着张骞的足迹，穿越驼铃叮当的沙漠、炊烟袅袅的草原、飞沙走石的戈壁，来往于各国之间，带来了印度、阿拉伯、波斯和欧洲的玻璃、红酒、马匹，宗教、科技和艺术，带走了中国的丝绸、漆器、瓷器和四大发明，举世闻名的丝绸之路渐渐形成。

用"丝绸之路"来形容古代中国与西方的文明交流，最早出自德国著名地理学家李希霍芬1877年所著的《中国——我的旅行成果》一书。由于这个命名贴切写实而又富有诗意，很快得到学术界的认可，并风靡世界。

近年来，丝绸之路迎来了新的历史机遇，沿丝绸之路寻访探秘的人络绎不绝。发展丝路经济，研究丝路文明，观赏丝路文物成了新时代的社会热潮，"丝路物语"书系便应运而生。在本书和读者见面之际，作为长安学研究者、"丝路物语"书系的主编，就该书的选题范围、研究对象、编写特色及意义赘述于下：

"丝路物语"书系，以"丝绸之路：长安——天山廊道的路网"遗产及相关博物馆为选题范围。该遗产项目的线路跨度近5000千米，沿线包括了中心城镇遗迹、商贸城市、聚落遗迹、交通遗迹、宗教遗迹和关联遗迹五类代表性遗迹以及沿途丰富的特色地理环境。丝路沿线遗迹或壮观巍峨，或鬼斧神工，或华丽精美，见证了欧亚大陆在公元前2世纪至公元16世纪之间人类文明进步的重要阶段，以及在这段时间内多元文化并存的鲜明特色。

"丝路物语"书系，每册聚焦古丝绸之路上的一座博物馆、一处古遗址或一座石窟寺，力求立体全面地展示丝绸之路上的历史遗存、人文故事和风土人情。这是一套丝绸之路旅游观光的文化指南，从中可观赏到汉代桑蚕基地的鎏金铜蚕，饱览敦煌石窟飞天的婀娜多姿，聆听丝路古道上的声声驼铃。古丝绸之路是人类文明的宝贵遗产，记录着社会的沧桑巨变，这是一部启封丝路文明的记忆之书。

"丝路物语"书系，以阐释文物为重点。文物是中华民族的精神标识。"让收藏在博物馆里的文物、陈列在广阔大地上的遗产、书写在古籍里的文字都活起来。"这对于激发人民群众对中华优秀传统文化的了解、认同和热爱，坚定文化自信，汇聚发展力量不可小觑，这是一部积淀文化自信的启智之作。

2000多年前，我们的先辈筚路蓝缕，穿越草原沙漠，开辟出联通亚欧非的陆上丝绸之路。这不仅是一条通商易货之道，更是一条文化交流之路。沿着古丝绸之路，中国将丝绸、瓷器、漆器、铁器传到西方，也为中国带来了胡椒、亚麻、香料、葡萄、石榴。沿着古丝绸之路，佛教、伊斯兰教及阿拉伯的天文、历法、医药传入中国，中国的四大发明、养蚕技术也由此传向世界。更为重要的是，商品和文化交流带来了观念创新。比如，佛教源自印度，却在中国发扬光大，在东南亚得到传承。儒家文化起源于中国，却受到欧洲莱布尼茨、伏尔泰等思想家的推崇。这是交流的魅力，互鉴的成果。这些各国不同的异质文化，犹如新鲜血液注入华夏文化肌体，使脉搏跳动更为雄健有力。古丝绸之路绵亘万里，延续千年，积淀了以和平合作、开放包容、互学互鉴、互利共赢为核心的丝路精神。

新时代、新丝路、新长安。2017年，习近平主席在"'一带一路'国际合作高峰论坛"上指出：古丝绸之路是人类文明的宝贵遗产。为让这些遗产、文物鲜活起来，西安出版社策划出版的"丝路物语"书系，承载着别样的期许与厚望，旨在以丝绸之路的隽永品格对话当代社会的文化建构，以高度的文化自觉唤醒当代社会的文化自信。

我们作为丝绸之路起点长安的文化工作者，更应该饱含对传统文化的深厚感情，自觉担负起实现中华民族伟大复兴的历史重任，充分运用长安学的最新研究成果，为保护、研究和传承人类文明的宝贵遗产尽心尽力，助推"一带一路"伟大事业的蓬勃发展。

精品力作是出版社的立身之本，亦是文化工作者的社会担当。"丝路物语"书系的出版，凝聚着众多写作和编辑人员的思考与汗水。借此，特别感谢郑欣淼部长的热情赐序；感谢策划人、西安出版社社长屈炳耀先生的睿智选题与热情相邀；感谢相关遗址、博物馆领导的支持和富有专业素养的学者和摄影人员的精心创作；更要感谢西安出版社副总编辑李宗保和编辑张正原认真负责、卓有成效的工作。

"丝路物语"书系的出版虽为刍荛之议、管窥之见，但西安出版社聆听时代声音、承担时代使命以及致力于激活文化遗产、传播中国声音的决心定将引领其走向更远的未来。

是为序。

·李炳武·
陕西省文物局原副局长、陕西省文史馆原馆长、"长安学"创始人、陕西师范大学国际长安学研究院首任院长、三秦文化研究会会长、长安学研究中心主任、著名历史文化学者。

普贤变 第㈣窟　榆林窟

| | |
|---|---|
| **140** | 曹元忠的爱情与亲情　第19窟 |
| **154** | 西夏秘密堂　第29窟 |
| **172** | 这就是自在　第2窟 |
| **188** | 西夏人的宇宙　第3窟 |
| **208** | 五台山与峨眉山　第4窟 |
| **222** | 最后一个洞窟　第43窟 |
| **238** | 道士与红军 |
| **255** | 榆林窟历史年表 |

# 目录

001 开篇词

002 莫高窟的姊妹窟

018 榆林窟与唐三藏

034 榆林窟最早的洞窟
第17窟、第28窟和第39窟

052 榆林窟第一大佛
第6窟

068 敦煌壁画里的小人物
第15窟

084 汉藏两民族的乌托邦
第25窟

116 曹家与回鹘
第16窟

128 慕容家族的往事
第12窟

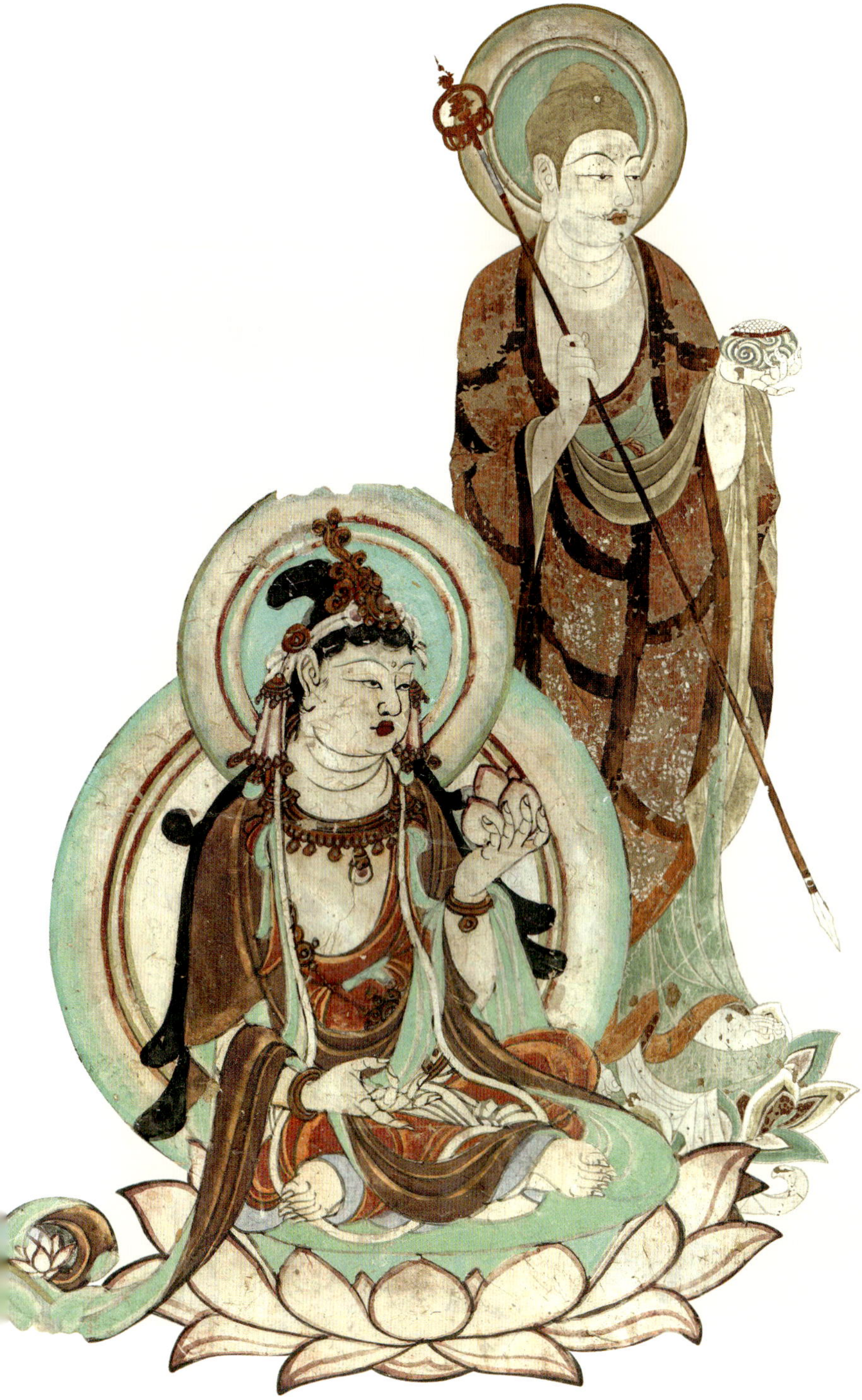

# 开篇词

## 丝路物语

### 榆林窟

莫高窟在中国石窟艺术史上的地位无可撼动，榆林窟作为莫高窟姊妹窟的同时，也成为莫高窟艺术光环下的沧海遗珠。

然而，榆林窟绝非莫高窟的翻版。它自唐代开凿以来，直接承传中国沉淀了近300年的石窟艺术成就，以开拓进取的磅礴之势，开创了敦煌石窟新的艺术道路。

因此，榆林窟是敦煌石窟艺术的下半场，在赓续开放、包容、多元的艺术精神下，成就了敦煌艺术的第二个巅峰。

# 莫高窟的姊妹窟

在敦煌石窟中，榆林窟的营建规模仅次于莫高窟，又因其洞窟形制、壁画内容和艺术风格与莫高窟一脉相承，所以也被人们形象地称为莫高窟的姊妹窟。

## 敦煌石窟

敦煌石窟就是指莫高窟吗？要了解清楚这个问题，我们首先要知道敦煌石窟中的"敦煌"二字究竟是何所指。今天大家所熟知的敦煌，普遍是指今甘肃省酒泉市下辖的县级市——敦煌市，这是狭义上的理解；而此处所提及的敦煌则是指"古敦煌郡"，是广义上的理解，要弄清楚它的地理范围，我们还要从2000年前讲起。

《史记·大宛列传》中记载："始月氏居敦煌、

莫高窟外景 王嘉奇摄

祁连间"。由于古人的地图学比较落后,没有清晰的地理概念,所以此时敦煌的地理范围十分模糊,大概指的是河西走廊西部的广大区域。到了汉武帝时期,敦煌的地理范围逐渐清晰起来。公元前121年,霍去病河西之战后,汉武帝在河西走廊设立了武威郡和酒泉郡。为了加强对河西走廊的

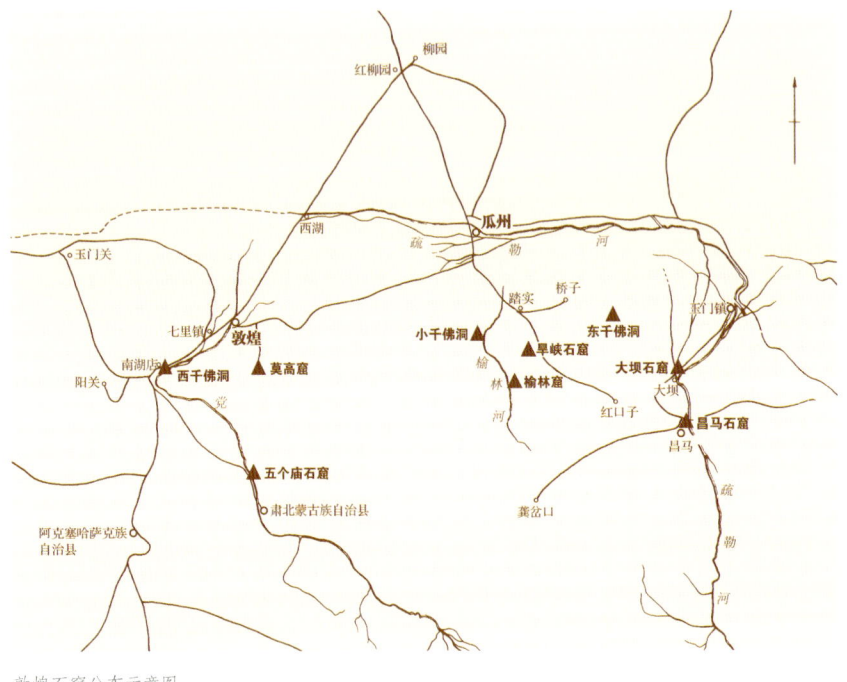

敦煌石窟分布示意图

控制，又拆分武威郡和酒泉郡的广大地盘，于公元前 111 年设立了张掖郡，公元前 88 年设立了敦煌郡。这就是著名的河西四郡。新设立的敦煌郡位于河西走廊的最西端，下辖六个县，分别是敦煌、冥安、效谷、渊泉、广至、龙勒，地理范围包括今天的敦煌市、瓜州县、肃北蒙古族自治县、阿克塞哈萨克族自治县、新疆哈密市东部、内蒙古西部和青海省北部部分地区。自汉代设立敦煌郡之后，敦煌的地理概念基本上不出这个范围。

古敦煌郡范围内，石窟星罗棋布，除了规模最大的莫高窟之外，还包括西千佛洞、瓜州榆林窟（以及榆林窟所辖的小千佛洞）、东千佛洞、肃北五个庙石窟等，这些石窟我们今天统称为敦煌石窟。因其中以莫高窟的

榆林窟东崖 1907年斯坦因摄

规模最大、名气最盛,所以今天很多人会用敦煌石窟来特指莫高窟,但这在严格意义上来说是不准确的。在敦煌石窟中,地处瓜州的榆林窟营建规模仅次于莫高窟,位居第二。又因其洞窟形制、壁画内容和艺术风格与莫高窟一脉相承,所以也被人们形象地称为莫高窟的姊妹窟。

## 瓜州的"前世今生"

榆林窟位于瓜州。瓜州历来以产瓜著称,当地所产之瓜又大又甜,古今闻名。《汉书·地理志》记载:"古瓜州地生美瓜,长者,狐入瓜中食之,首尾不出。"意思是说:瓜州特产是瓜,最大的瓜能有多大呢?偷吃瓜的狐狸钻进瓜里，看不见头和尾巴。一只成年狐狸的体长一般在50厘米至60厘米之间，可见瓜州生长的瓜之大。又西晋《广志》记载："瓜州瓜大如斛（hú），御瓜也，甘胜糖蜜。"斛是古代的计量单位，唐代之前十斗为一斛，换算过来一斛就是60千克。虽然不乏夸张的成分在里面，但也足以让我们了解到瓜州所产瓜之大。"甘胜糖蜜"是形容瓜州所产瓜之甜，比蜜糖更胜之，这是因为瓜州位于西北内陆地区，昼夜温差极大，有利于糖分的积累。

"瓜州"一词，最早《春秋传》中有记载："允姓之奸，居于瓜州。瓜州，地名也。"东汉经学家杜林在注解这句话时说："敦煌，古瓜州也。州之贡物，地出好瓜"。由此来看，瓜州地名的出现似乎早于敦煌，汉代敦煌郡是在瓜州的地域上设置的，亦可见两地之间有着十分深远的联系，在以后的历史中，逐渐成为敦煌文化的核心地带。在敦煌郡未设置以前，瓜州曾先后是羌人、乌孙人、月氏人和匈奴人的聚居地。敦煌建郡之后，其下辖的冥安、广至、渊泉三县就在今天瓜州县范围内。西晋元康五年（295），将本属于敦煌郡的宜禾、伊吾、冥安、广至、渊泉等五县独立出来，与为了安置移民而新设立的会稽、新乡两县和酒泉郡的沙头县合并，八个县共同组成了晋昌郡，晋昌郡的核心地带就是瓜州。此时的晋昌郡与敦煌郡同级，管辖的地理范围甚至超过了敦煌郡，这是瓜州地位的第一次提升。从西晋灭亡到唐朝建立的近300年来，瓜州经历了前凉、前秦、后凉、西凉、北凉、北魏、西魏、北周、隋等王朝的统治。这期间由于王朝更迭频繁，政局变幻莫测，瓜州经历了多次改名和拆分。到了北魏，"瓜州"作为地名再一次出现，此时瓜州的地理范围与汉代的敦煌郡基本重合。到了唐代，瓜州的辖区逐渐稳定下来。唐武德五年（622），原本设立在敦煌的瓜州改名为西沙州，晋昌县更名为瓜州，辖晋昌、常乐二县，同时在瓜州设立总管府，瓜州取代敦煌成为军事和行政中心。贞观七年（633），改西沙州为沙州，自此，瓜州和沙州两地的地名确定下来，历史上合称瓜沙二州。此时的敦煌由于沙漠化严重，汉玉门关所扼守的丝绸之路北道已经很难通行，于是，玉门关从敦煌东移到了瓜州，瓜州成为丝绸之路的枢纽。

正是因为瓜州地位的空前提升，人口开始朝着瓜州城（今锁阳城遗址）聚集，为了满足人们的宗教需求，瓜州在这一时期修建了大量的佛教寺庙和石窟。瓜州城东的开元寺就在初唐时期重修过，玄奘西行取经途经瓜州时，曾在这里讲经一月有余。其次是在今天瓜州破城子西南侧5公里处，修建了阿育王寺，用来供奉佛陀舍利，如今仅残存一座高9米的元代重修覆钵式土塔。

后来，吐蕃王朝崛起，瓜州成为吐蕃侵袭河西走廊的前线。8世纪初，吐蕃大将悉诺逻多次进犯瓜州，被时任河西节度使的瓜州常乐县人王君㚟（chuò）和常乐县令贾师顺率军打败，取得了第一次瓜州保卫战的胜利。727年，王君㚟被回纥人谋杀，朝廷急调张守珪为瓜州刺史。张守珪与贾师顺率军前后两次击退吐蕃军队，保住了瓜州的安宁。安史之乱爆发后，朝廷为了抵御安禄山的叛军，将哥舒翰统领的河西兵马调到潼关驻守，河

西走廊军事防务空虚，让觊觎已久的吐蕃人看到了机会。吐蕃趁着唐王朝忙于平定安史之乱的时机，开始大举入侵。776年，吐蕃攻克了瓜州。十年后，吐蕃攻下沙州，吞并了整个河西走廊。

848年，沙州人张议潮起义，迅速收复了瓜沙二州，推翻了吐蕃长达半个多世纪的统治。自此之后，瓜州进入了归义军政权的统治阶段。归义

瓜州阿育王寺舍利塔

军政权先后由张氏和曹氏家族掌权，直至1036年，面对李元昊的军事进攻，归义军末代节度使曹贤顺出城请降，延续了180余年的归义军政权至此宣告终结。

1038年，李元昊正式称帝，建立了大夏国，定都兴庆府（今宁夏银川），因大夏国位于宋朝版图的西北隅，故史称西夏。西夏虽然在1036年攻占了瓜州，但因为军力有限而无法固守，沙州回鹘趁机控制了瓜州。直到1068年左右，西夏夺回了瓜沙二州的控制权。为了进一步加强对新领土的掌控，西夏在全国重要的地域设立监军司，瓜州就设有西平监军司，掌管瓜沙二州的军务，瓜州地位再一次超过敦煌。

1227年，西夏被蒙古军所灭，瓜州成为蒙古诸王的领地。元朝曾在瓜州大量屯田，修筑城墙，使得经过战乱洗礼的瓜州社会经济得以逐渐恢复。瓜州的发展史与丝绸之路的兴衰息息相关，元朝统治的地域空前辽阔，中亚至蒙古的草原之路代替了以河西走廊为主干的商道，瓜州不再是丝绸之路的枢纽。

1372年，名将傅友德攻下瓜州，这里成为明朝最西极的领土。为了防御北元，冯胜修建了嘉峪关，明朝在嘉峪关外设立关西七卫，以拱卫边境安全，赤斤蒙古卫就设立在瓜州。嘉靖年间，明朝封闭嘉峪关，将关西七卫的百姓全部迁徙到嘉峪关内，瓜州成为荒原。

1720年，清政府收复嘉峪关，在汉渊泉县故城设置柳沟卫，瓜州再次成为中原王朝的领土。清朝初期，为了平定大、小和卓叛乱，朝廷在河西走廊积极布防，瓜州成为收复新疆的前线。为了"安定西域"，清政府将这里更

汉渊泉县故址

名为安西，并于1774年设立安西直隶州，敦煌属于其治下的一个县。自此之后，瓜州一直被称为安西，直到2006年2月，国务院批准改安西县为瓜州县，这片土地再次以"瓜州"命名。

## 沧海遗珠榆林窟

榆林窟，亦名榆林寺、万佛峡，1961年被国务院公布为第一批全国重点文物保护单位。它位于今天瓜州县城南约70公里的峡谷中，榆林河（又名踏实河）从中穿流而过，河谷两岸榆树成林，石窟因此得名。独特的地

榆林窟外景

理环境造就了榆林窟极具特色的自然景观，早在800年前的西夏时期，就有人盛赞道："山谷内雷水长流，树木稠林，白日圣香烟起，夜后明灯出现。本是修行之界"。除此之外，榆林窟精美绝伦的壁画艺术更让人魂牵梦萦。

最新的统计数据显示，榆林窟现存洞窟56个*，分布在榆林河两岸长约500米、高约20米的陡立崖壁上。其中，东崖上层有24个洞窟，下层有19个洞窟；西崖仅有一层，共13个洞窟。据敦煌研究院藏《归义军衙府酒破历》残卷上"十四日酒支打窟人半瓮"的记载，原来使用最简单的工具在砾岩石壁上挥臂凿窟的人叫打窟人。1000年前的寒冬腊月里，正是这些为生计打拼的打窟人，凭着半瓮烧酒的热气，在叮叮咚咚的凿打声中使得榆林窟渐具雏形。后来，不同身份、不同民族、不同时代的人经过1200多年时光的轮替坚持，榆林窟才有了今天的规模与面貌。敦煌石窟艺术以建筑、彩塑和壁画著称于世。榆林窟的壁画艺术最具代表性。榆林窟

---

\* 关于榆林窟现存洞窟数量，原来的官方数据显示为43个。近年来，敦煌研究院开展了《敦煌石窟内容总录》的修订工作，通过对榆林窟的进一步勘查，新整理出12个洞窟，其中3个洞窟内保存有壁画或塑像，1个洞窟内保存有大量题记和生活遗存等文物信息，其余8个洞窟无内容。详情参见邢耀龙：《〈榆林窟内容总录〉未编入内容的整理与研究》，载《"'一带一路'视野下的敦煌学研究"学术研讨会论文集》，2021年9月。其后，在榆林窟西崖崖体加固工程施工过程中，又于榆林窟西崖第40窟和第41窟之间新发现一个一米见方的窟龛。经判断，该龛应当原属洞窟主室正壁佛龛，因河流不断冲蚀崖壁，导致洞窟整体崩毁，仅残存此龛。因此，榆林窟现存洞窟数量总计应为56个。

现存壁画5000余平方米,绝大部分的壁画内容保存完整、画面清晰,是仅次于莫高窟的敦煌壁画艺术宝库。榆林窟的壁画形式也十分丰富,有场面宏大的巨幅经变画、工笔精细的单幅尊像画、设计奇幻的装饰画、神秘莫测的密教画、包罗万象的生活画……

唐代是榆林窟的初创时期,此时石窟艺术在中国已经发展了近三百年,正是最成熟的阶段,因此榆林窟的石窟艺术一开始就进入了高潮。这一时期共开凿了17个洞窟,是榆林窟历代开凿洞窟最多的时期,也是榆林窟壁画艺术创作的巅峰时期,被誉为"敦煌石窟艺术之冠"的榆林窟第25窟就开凿于中唐时期。中唐时期的瓜州正处于吐蕃统治之下,所以榆林窟第25窟的壁画艺术不仅具有明显的汉藏融合风格,还因其营建历史背景之特殊、壁画内容之多元、绘画技艺之高超,而成为唐代敦煌壁画的巅峰之作。

五代宋初,曹氏家族掌握了归义军政权,管理瓜州百余年之久。归义军政权独立掌控着当地的财政,并且十分崇佛,于是在榆林窟大力兴建石窟,现存新建洞窟13个,重修洞窟24个。除了出现目连变相、大般若经变、四大菩萨和龙王礼佛图等新颖的壁画题材之外,还保存了大量的供养人像,为研究瓜沙历史和少数民族史提供了可靠的资料。沙州回鹘曾短暂地统治过瓜州,榆林窟现存回鹘重修洞窟5个,特别是榆林窟第39窟,回鹘重修了整个洞窟,这是敦煌石窟中的孤例。

西夏、元时期,榆林窟共开凿6个洞窟,其中的4个西夏洞窟,是榆林窟除中唐第25窟以外最具代表性的名片:在宗教方面,显密并存,两种风格迥异的壁画艺术融于一窟，彼此互鉴；在绘画方面，第 2 窟西壁的两幅水月观音像在继承唐宋遗风的基础上，又融入了西夏人丰富的想象力和创造力，线描精准、敷彩华丽、意境悠远，是西夏艺术的巅峰之作；在文化方面，第 3 窟的文殊变和普贤变中，人物繁多且兼有儒、释、道三教的人物形象，将诸多文化融汇于一窟；在民族史方面，现存的大量西夏、回鹘、蒙古等供养人像和题记，是研究古代瓜州地区相关历史的重要实物资料；在科技史方面，第 3 窟东壁南侧的五十一面千手千眼观音经变，包含了上百种古代生产、生活的器物，是敦煌石窟壁画反映古代科技史的一大杰作。

到了清代，中国石窟艺术整体走向了衰落，莫高窟营建洞窟的活动更是早在元代末期就停止了，而榆林窟却在此时异军突起。目前确认榆林窟清代新开凿的洞窟有 11 个，重修洞窟 31 个。除此之外，榆林窟还保存有 9 个没有壁画和塑像等信息的洞窟，通过洞窟形制、所处位置和生活遗迹等信息判断，这些洞窟绝大多数开凿于清代。榆林窟清代洞窟除了数量较多之外，内容也十分丰富，是研究清代西北民俗文化的重要文物遗存。

榆林窟现存彩塑共 272 身。如今第 11 窟南北两壁下方所存的十八身罗汉像，是 20 世纪末敦煌研究院主持从榆林窟第 3 窟搬移过去的。这些塑像栩栩如生，没有因循固定的造像范式，而是塑像师的独立创作，成为榆林窟彩塑中的艺术精品。第 6 窟高 24.7 米的弥勒佛，金箔敷就，灿然如新，金碧辉煌，显得极其庄严雄伟。塑像虽经历代重新装饰，但仍保留唐风，

西千佛洞 赵小龙摄

堪称榆林窟彩塑的代表。

  榆林窟自唐代开凿，与莫高窟一脉相承，并一同创造了敦煌石窟艺术的辉煌。在藏经洞保存下来的诸多文献中，把莫高窟称为"窟上"，榆林窟称为"东窟"，西千佛洞称为"西窟"，是敦煌石窟艺术的主要组成部分。莫高窟从前秦至元代开凿洞窟，前后历经1000年左右的营建，榆林窟作为

莫高窟的姊妹窟，比莫高窟的开凿晚300年，但其营建历经1200多年，直到晚清才宣告结束，是敦煌石窟艺术生命的延续。莫高窟保存着西域的胡风、北朝的探索、隋唐的磅礴，自五代、宋之后，衰颓之势不减。榆林窟作为敦煌石窟的后浪，充满刚猛的开创精神和朝气，这种气质一直被瓜州石窟继承下来。随着瓜州历史地位的逐渐提升，面对莫高窟洞窟格局的随形就势，榆林窟肩负起营建新佛教中心的重任，一开始就呈现出营造石窟的逻辑性和秩序感。在边继承边创新的过程中，创造了敦煌石窟艺术的新高峰。即使在中国石窟艺术整体处于颓势的清代，榆林窟营建洞窟的热潮依旧不减，其丰富的道家和儒家文化遗存为敦煌石窟赋予了更为丰富多彩的艺术生命，为延续了1500年的敦煌艺术画上了一个圆满的句号。

　　虔诚的画师潜居在戈壁的深处，穿过幽暗的甬道和峥嵘的岁月，精工勾点，方才成就千年一画。娇艳的沙枣花在榆林河谷里兀自开放，值守千年，只为与你相见。

# 榆林窟与唐三藏

> 石窟作为佛教圣地,它的开凿必然需要一个神圣的理由,如同大雁塔是为了储藏玄奘取来的真经所建一样,榆林窟或许就是为了纪念玄奘回国的伟大壮举而建的。

前秦建元二年(366),沙门乐僔来到敦煌鸣沙山,"忽见金光,状有千佛,遂架空凿岩,造窟一龛",自此莫高窟开始了它长达千余年的漫长营建史。那么素有莫高窟姊妹窟之称的榆林窟,又是在怎样的因缘际会下,由何人于何时主持开凿的呢?翻遍各种史料,并无相关记载,所以关于榆林窟的开凿年代,多年来学界有不同推测。1942年,向达先生跟随西北史地考察团来到敦煌,考察完莫高窟和榆林窟之后,在《莫高、榆林二窟杂考》中写道:"以莫高窟形式证之,皆元魏遗制也。颇疑榆林窟创建时代与莫高窟应相去不远。"可见,向达先生认为榆林窟开凿于北魏时期。这一论断很大程度上影响了当时的敦煌学界,很多学者亦支持此观点。这

榆林窟第2窟主室西壁南侧 水月观音图中玄奘取经图

榆林窟第3窟主室西壁南侧 普贤变中玄奘取经图

个观点的问题在于，如果榆林窟开凿于北魏时期，到唐代已经有100余年了，北朝时期的洞窟应该可以留下不少，但迄今为止，我们并没有在榆林窟发现任何唐代以前的壁画和塑像。所以，近年来对这一观点学界也提出了质疑。段文杰先生认为榆林窟初创于初唐时期，并认为第28窟可能是榆林窟开凿最早的洞窟。这一观点今天为学界所普遍接受。那么，榆林窟究竟是在怎样的契机下得以创建的呢？借助相关史料，我们或许可以对此作一番新的探索。

## 玄奘取经与榆林窟的创建

玄奘是初唐历史上的重要人物，他不畏艰险、无畏生死的西行之举不仅为唐王朝带来了大量珍贵的佛学典籍，他西行之路上的所见所闻也在回

锁阳城塔尔寺遗址

国后整理成《大唐西域记》一书,成为人们研究古代中亚和南亚(尤其是印度)地区历史地理、风土人情等的重要资料。

玄奘自贞观元年(627),一说贞观三年(629),从长安出发,经过秦州(今天水)、兰州、凉州(今武威)、甘州(今张掖)、肃州(今酒泉),抵达瓜州。此时的玉门关已迁移至瓜州境内,因当时的唐王朝与突厥、高昌正处于敌对状态,朝廷派兵严守瓜州的各处关口,不准人私自越境。玄奘因其西行计划未获得官方允许而"私往天竺",遂成为凉州都督府追

捕的通缉犯。他一路昼伏夜行，好不容易到达瓜州境内，却因玉门关守备森严，无法渡关，只得停留在瓜州城外的寺院里（今锁阳城塔尔寺），一个多月以后才在石槃陀的帮助下，顺利渡过玉门关。关于玄奘取经路过瓜州的记载，最翔实的是玄奘弟子慧立和彦悰所著的《大唐大慈恩寺三藏法师传》：

乃昼伏夜行，遂至瓜州。时刺史独孤达闻法师至，甚欢，供事殷厚。

法师因访西路。或有报云："从此北行五十余里，有瓠芦河，下广上狭，洄波甚急，深不可渡，上置玉门关，路必由之，即西境之襟喉也。关外西北，又有五烽，候望者居之。各相去百里，中无水草。五烽之外即莫贺延碛，伊吾国境。"闻之愁愦。所乘之马又死，不知计出，沉默经月余。

未发之间，凉州访牒又至，云："有僧字玄奘，欲入西蕃，所在州县，宜严候捉。"州吏李昌，崇信之士，心疑法师，遂密将牒呈云："师不是此耶？"法师迟疑未报。昌曰："师须实语，必是，弟子为师图之。"法师乃具实而答。昌闻，深赞希有，曰："师实能尔者，为师毁却文书。"即于前裂坏之。仍云："师须早去。"

自是益增忧惘，所从二小僧，道整先向敦煌，唯惠琳在，知其不堪远涉，亦放还。遂贸易得马一匹。但苦无人相引。即于所停寺弥勒像前启请，愿得一人相引渡关。其夜，寺有胡僧达摩，梦法师坐一莲华向西而去。达摩私怪，旦而来白。法师心喜为得行之征，然语达摩云："梦为虚妄，何足涉言。"更入道场礼请。俄有一胡人来入礼佛，逐法师行二三匝。问其姓名，云姓石字槃陀。此胡即请受戒，乃为授五戒。胡甚喜，辞还。少时赍饼果更来。法师见其明健，貌又恭肃，遂告行意。胡人许诺，言送师过五烽。法师大喜，乃更贸衣资，为买马而期焉。明日日欲下，遂入草间。须臾彼胡更与一胡老翁乘一瘦老赤马相逐而至。法师心不怪。少胡曰："此翁极谙西路，来去伊吾三十余反，故共俱来，望有平章耳。"胡公因说："西路险恶，沙河阻远。鬼魅热风，过无达者。徒侣众多，犹数迷失，况师单独，如何可行？愿自斟量，勿轻身命。"法师报曰："贫道为求大法，发趣西方，若不至婆罗门国，终不东归。纵死中途，非所悔也。"胡翁曰："师必去，可乘我此马。此马往反伊吾已十五度，健而知道。师马少，不堪远涉。"法师乃窃念，在长安将发志西方日，有术人何弘达者，诵咒占观，多有所中。法师令占行事，达曰："师得去。去状似乘一老赤瘦马，漆鞍桥前有铁。既睹胡人所乘马瘦赤，鞍漆有铁，与何言合，心以为当。遂换马。胡翁欢喜，礼敬而别。"

于是装束，与少胡夜发。三更许到河，遥见玉关。去关上流十里许，两岸可阔丈余。傍有胡椒树丛。胡乃斩木为桥，布草填沙，驱马而过。法师既渡而喜，因解驾停憩，与胡人相去可五十余步，各下褥而眠。少时胡人乃拔刀而起，徐向法师，未到十步许又回，不知何意。疑有异心，即起诵经念观音菩萨。胡人见已，还卧遂眠。天欲明，法师唤令起。取水盥漱，解斋讫，欲发。胡人曰："弟子将前途险远，又无水草。唯五烽下有水，必须夜到，偷水而过。但一处被觉，即是死人。不如归还，用为安隐。"法师确然不回。乃俯仰而进，露刃张弓，命法师前行。法师不肯居前，胡人自行数里而住，曰："弟子不能去，家累既大，而王法不可干也。"法师知其意，遂任还。胡人曰："师必不达。如被擒捉，相引奈何？"法师报曰："纵使切割此身如微尘者，终不相引。"为陈重誓，其意乃止。与马一匹，劳谢而别。自是孑然孤游沙漠矣，唯望骨聚马粪等渐进。

玄奘渡过玉门关之后一路西行，穿过五烽，经伊吾（今哈密）、高昌王城（今吐鲁番）、凌山（今别迭里山口）出中国疆域，再经中亚和南亚小国，于631年抵达摩揭陀国那烂陀寺。作为虔诚的佛教信徒，玄奘每经过一处佛教圣地，往往亲自前往朝圣礼拜。《大唐西域记》中对玄奘途经各个国家的寺庙、圣迹、舍利供养等情况都有描述。瓜州是玄奘西行之路上停留较久的一站，《大唐故三藏玄奘法师行状》和《大唐大慈恩寺三藏法师传》等书中记载，玄奘在瓜州期间确实曾参拜瓜州境内的寺院和佛教圣迹。如

象牙佛

果榆林窟开凿于北魏时期，至此时已开凿近200年，应是当地闻名的古刹，也是此时瓜州地区唯一的一座石窟寺，是瓜州的重要佛教中心。如此虔诚的玄奘竟然不去榆林窟参拜，这不符合常理。玄奘在瓜州的经历是其取经路上最艰险的一段，而且受到官吏李昌、石槃陀、老胡人等人的救助，如果不是这几人的帮助，玄奘很可能不会取经成功。因此，瓜州的经历可谓刻骨铭心，在玄奘晚年回忆起这段取经之路时犹感叹道："此等危难，百千不能备叙"。玄奘对这段九死一生的经历必然记忆深刻，《大唐大慈恩寺三藏法师传》是玄奘弟子的著作，据说绝大多数内容来自玄奘口述，可信度很高，竟然没有关于榆林窟的记载，那么原因很有可能是榆林窟在玄奘途经瓜州时还没有创建。

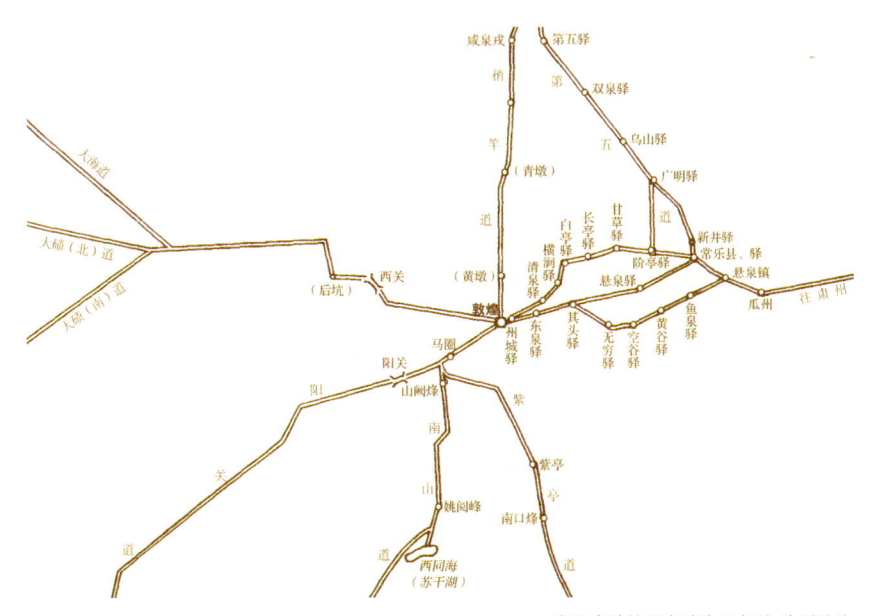

唐五代敦煌四出道路示意图 陈国灿绘

雍正四年（1726）前后，榆林窟喇嘛吴根栋在清理榆林窟卧佛殿内的积沙时，在佛头附近的角落里偶然发现了稀世珍宝象牙佛造像。此造像乃用象牙雕琢而成，状如手掌，高15.9厘米，上宽11.4厘米，下宽14.3厘米，厚3.5厘米。造像分两片扣合，内刻54个不同情节的佛传图，共刻279人，12辆车马，形态各异，栩栩如生；两片合在一起外形是一尊骑象菩萨，手捧宝塔，袒胸赤足，头发呈波纹状；象背鞍俱全，装饰美观。整个象牙佛造像雕刻技法高超，刀法细腻，为印度笈多艺术风格，应该是取经僧人从印度带到中国的法物。常书鸿先生认为象牙佛很有可能是玄奘赴印度取经返回时携带传入榆林窟的，这与玄奘在瓜州刻骨铭心的经历息息相关。宁瑞栋先生也认为："在他回国之时，当时印度最有势力的戒日

麦积山石窟 席文博摄

王送给他大象一头，金钱三千，银钱一万，作为行费。他带回来的物品有如来佛的肉身舍利一百五十粒、金佛一躯、檀香木佛四躯、银佛一躯、佛经六百五十七部，用二十匹马驮回，可见声势之大。以玄奘在印度的声望，他完全有条件得到象牙佛，但在他呈送给皇上的清单中唯独不见有象牙佛，这正说明瓜州人对他恩重如山，他才会把最珍贵的象牙佛悄悄留在了瓜州作为报答。"

石窟作为佛教圣地，它的开凿必然需要一个神圣的理由，如同大雁塔是为了储藏玄奘取来的真经所建一样，榆林窟或许就是为了纪念玄奘回国的伟大壮举而建的。按照佛教装藏的习俗，一处佛教圣地的营建，必须要有一件代表佛法的法物进行供养或封存，这类法物一般是佛经或者塑像。1983年6月在修复麦积山石窟第13窟大佛时，就在大佛头像右颊破损处出土了唐代抄本《金光明经卷第四》，这是装藏习俗的经典案例。对于榆林窟而言，营建洞窟最适合的法物就是象牙佛造像，人们很可能依托于玄奘带来的象牙佛，开凿了榆林窟。玄奘于644年底抵达瓜州，榆林窟应当就是在此后不久开凿的。

## 榆林窟开凿的历史条件

要进一步讨论榆林窟的开凿时间，还要回到初唐时期瓜州的历史大背景之中。唐朝建立之初，河西走廊由李轨占据。武德二年（619），李轨受到安氏兄弟的围攻，最终被擒获，河西走廊纳入了唐王朝的版图。此时，虽然有秦王李世民遥领陇右九州诸军事，但天下初定，河西走廊的统治并不稳定，瓜沙二州也是战乱不断，当地的土匪豪强多次反叛。如武德三年（620），瓜州刺史贺拔行威举兵反叛，次年五月始被平定；武德六年（623）六月，沙州人张护、李通反叛，杀死瓜州总管贺若怀广，后被瓜州长史赵孝伦击败。此外，突厥和吐谷浑趁唐朝初立，也时常入侵河西，瓜州则一直是唐朝与突厥对抗的前线。鉴于瓜州重要的军事地位，贞观元年（627），升瓜州为都督府，领瓜州、沙州、肃州，瓜州的地位空前提升，成为瓜、沙、肃三州的政治中心。直到贞观十四年（640），唐太宗派侯君集灭掉了高昌，在交河城设立了安西都护府，瓜州的军事压力才得以解除，迎来了相对稳定的发展期。可见，刚刚经历过隋唐王朝更迭的瓜州，民生凋敝，社会经济遭到重创，急需维持社会稳定和恢复生产，所以不大可能有精力和财力来营建石窟。然而，榆林窟现存的唐代洞窟却规模较大，第17窟和第39窟的平面面积都达到了100平方米以上；第6窟为大像窟，内存一身24.7米高的倚坐弥勒像，是榆林窟规模最大的洞窟。如此规模洞窟的开凿，不仅需要稳定的社会环境，更需要大量的人力、物力和财力，这一切在玄奘归国之前的瓜州是不可想象的。莫高窟现存最早的有明确纪年的唐代洞窟是著名的第220窟，开凿于642年，这正是安西都护府设立的两年后，瓜沙地区正是在此时迎来繁荣期。

　　瓜州土地资源和水资源较沙州更为丰富，加上初唐时期在瓜州的驻军和移民活动，使得瓜州成为超越沙州的重镇。位于今瓜州城南的锁阳城遗址就是唐瓜州城遗址，遗址分为内外两个部分，内城面积28.5万平方米，外城面积76.6万平方米，合计超过100万平方米，是中国现存州郡级土遗址中规模最大的一座。如此大规模的城市，必然有相应的宗教场所，以满足瓜州百姓的精神需求。瓜州都督府管理的沙州有著名的莫高窟，而作为上级行政单位的瓜州竟然没有自己的石窟寺，这于理不合。为了建设与瓜州政治地位相匹配的佛教中心和信仰地标，榆林窟就在距锁阳城40公里的榆林河畔诞生了。也正是出于这种政治因素的考虑，榆林窟开创之初的洞窟规模空前，远远超过了隋代及以前莫高窟所见的绝大多数洞窟，这是瓜州地位的彰显，是瓜州政治地位上升的表现。同时，因敦煌沙漠化严重，玉门关在唐代移至瓜州，丝绸之路开辟了新北道，瓜州城就是新北道的起点，瓜州成为丝绸之路的枢纽。中原汉地的商品运往西域之前，都在玉门关之前丝绸之路的最后一个集结点——瓜州存储，等待转运。文献中记载，吐蕃在776年攻下瓜州之后，获得了大量的丝织品。这些衣物运送到吐蕃之后，吐蕃的百姓们都能穿上唐朝境内生产的上等丝绸了。其中虽不乏夸张成分，但也可以窥见瓜州在唐时期的繁荣经济。瓜州作为丝绸之路的重要枢纽，必然在文化上也要建立高地，榆林窟因此应运而生。

因此，榆林窟是玄奘回国后瓜州人启动的石窟新计划。在瓜州的广大地域上，除榆林窟之外，还有东千佛洞、旱峡石窟和小千佛洞等，这些石窟群基本位于古瓜州城或聚居区附近，完全是为了适应瓜州地区日益增长的佛教信仰需求而开凿的。它们都是唐代及以后兴建，与瓜州在历史上政治、经济和军事地位的提升紧密相关，从而构成了瓜州石窟群的宏大格局。

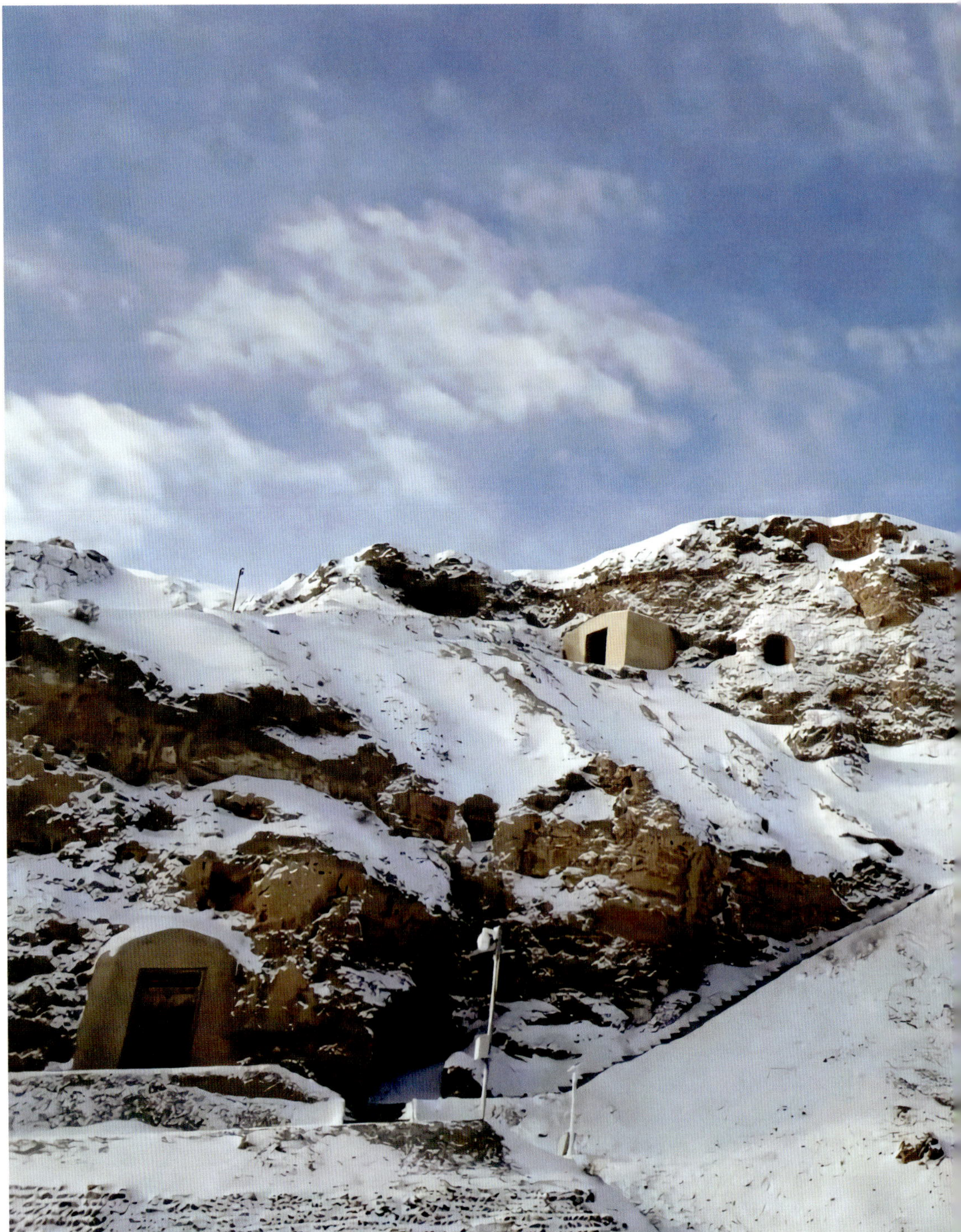

东千佛洞

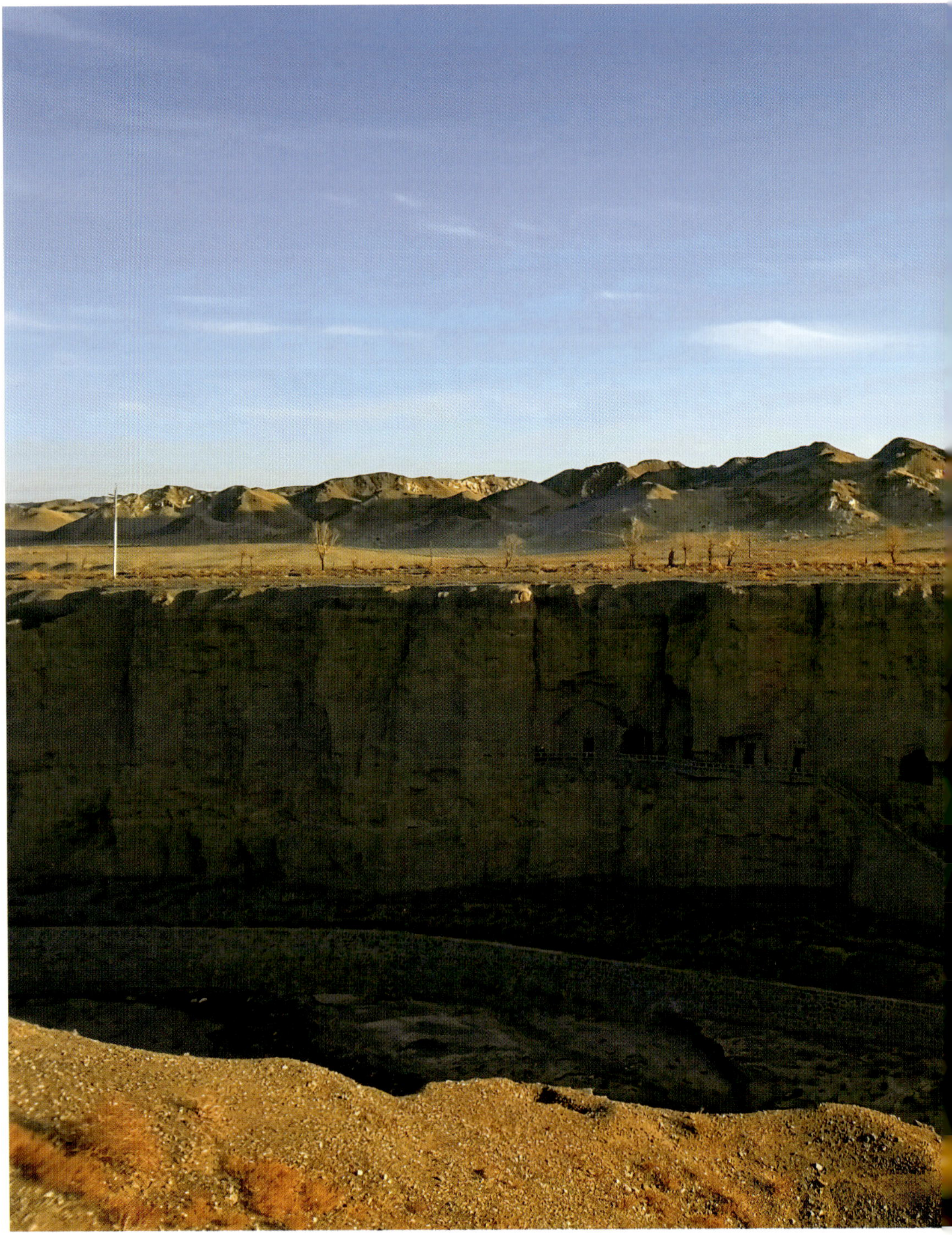

小千佛洞 夏丽玮摄

# 榆林窟最早的洞窟
## 第17窟、第28窟和第39窟

> 榆林窟是莫高窟的姊妹窟，但诸多现象表明，榆林窟的营建遵循着区别于传统敦煌艺术的新范式，这是瓜州的政治地位超越敦煌之后，文化自信趋势下的刻意营造。

## 不一样的中心塔柱

　　截至目前，学界公认榆林窟最早的洞窟是第17窟、第28窟和第39窟，最重要的原因就在于这三个洞窟均为中心塔柱窟。中心塔柱窟，又名塔庙窟、中心柱窟，是早期石窟最主要的窟形之一，它来源于印度的支提窟。印度的支提窟是在洞窟的中央建造一座佛塔，佛塔最初用来安置佛陀的舍利，后来逐渐演变为在佛塔上雕刻佛的形象，信徒们绕塔右旋巡礼和观像，以示对佛陀的尊重和怀念。支提窟伴随着佛教文化一路东传到中国之后，其形制发生了变化：敦煌石窟和中原地区的中心塔柱窟，是把印度支提窟中的佛塔替换成方形的多层楼阁，楼阁的顶部与窟顶相连接。从力学的角

榆林窟第27窟 中心塔柱 唐

莫高窟第254窟 中心塔柱 北魏

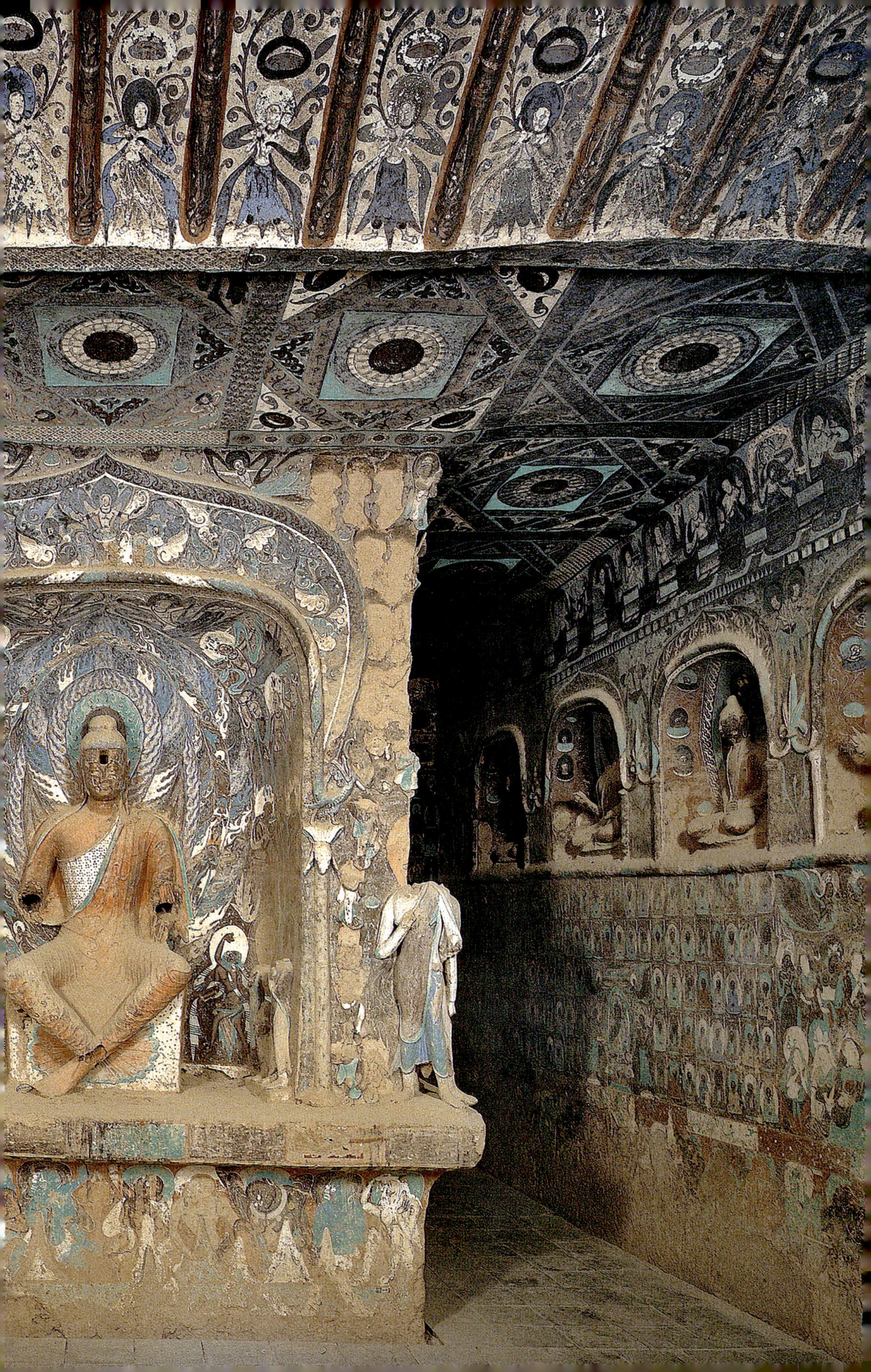

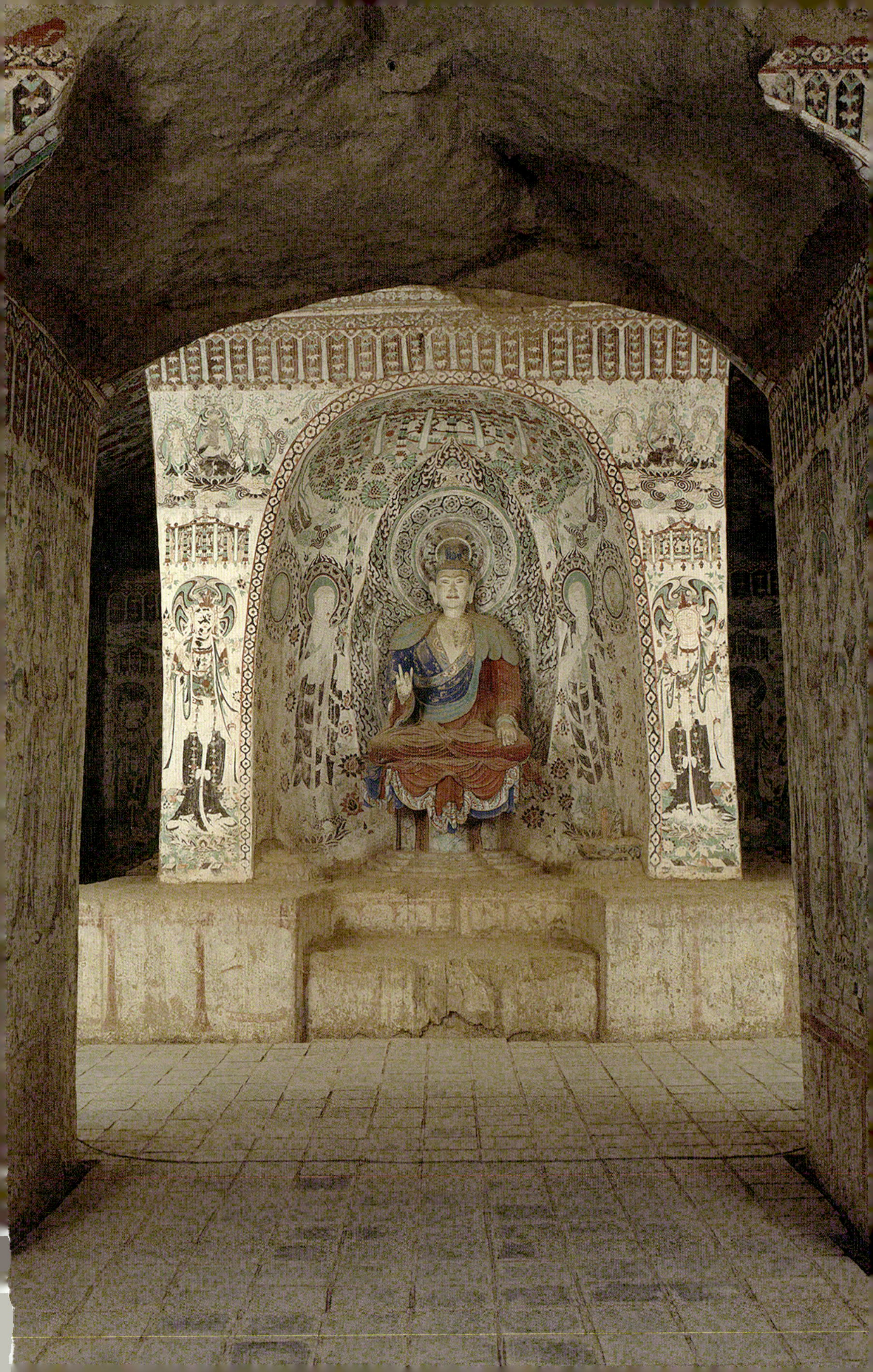

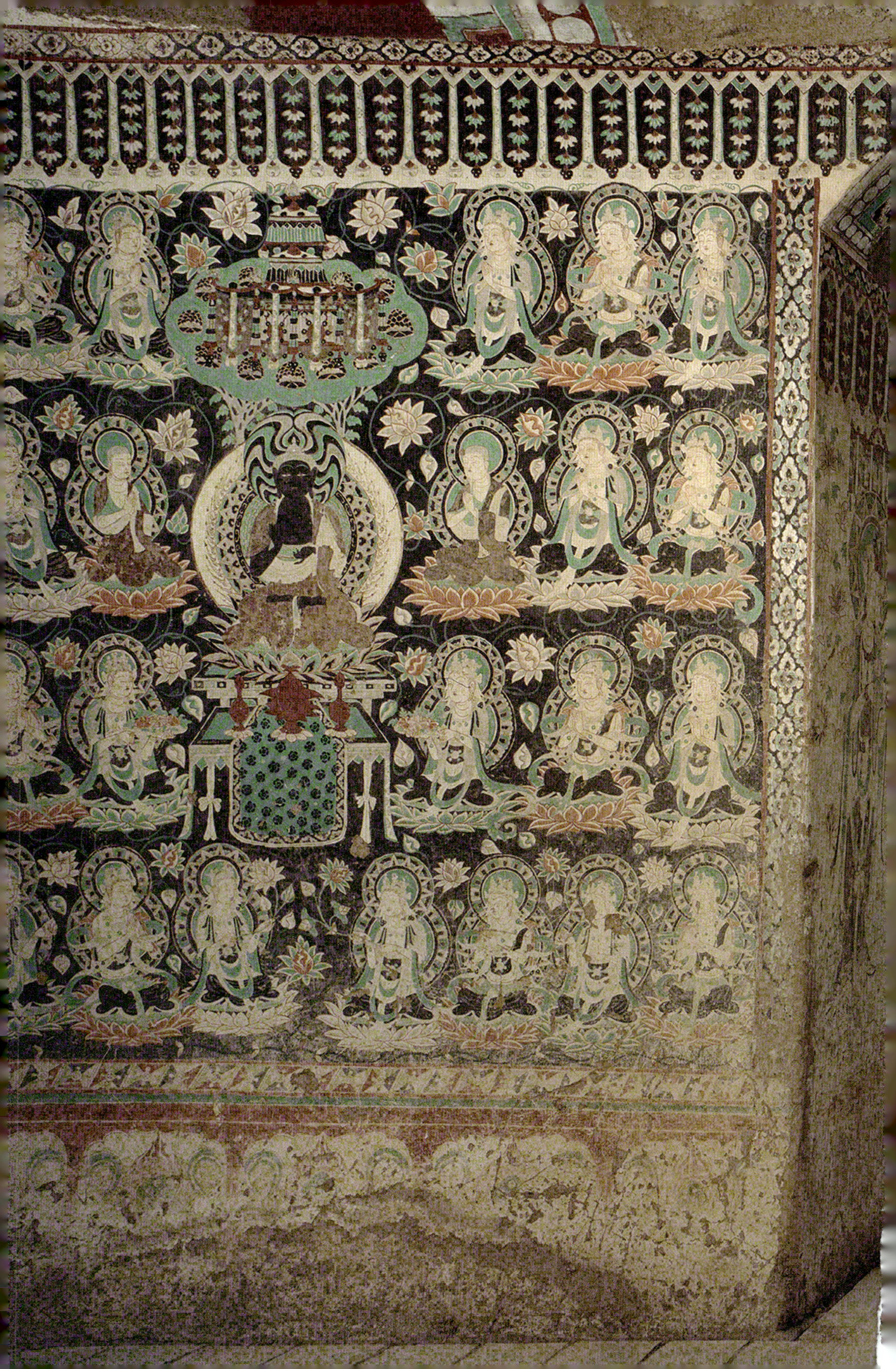

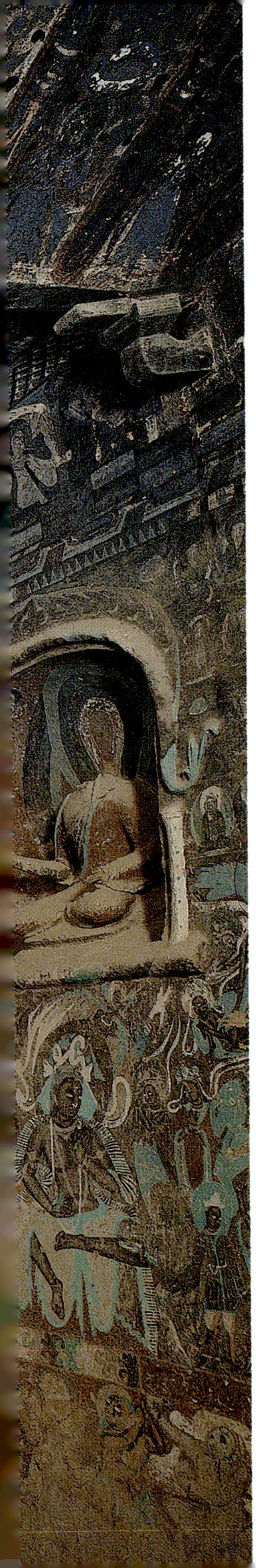

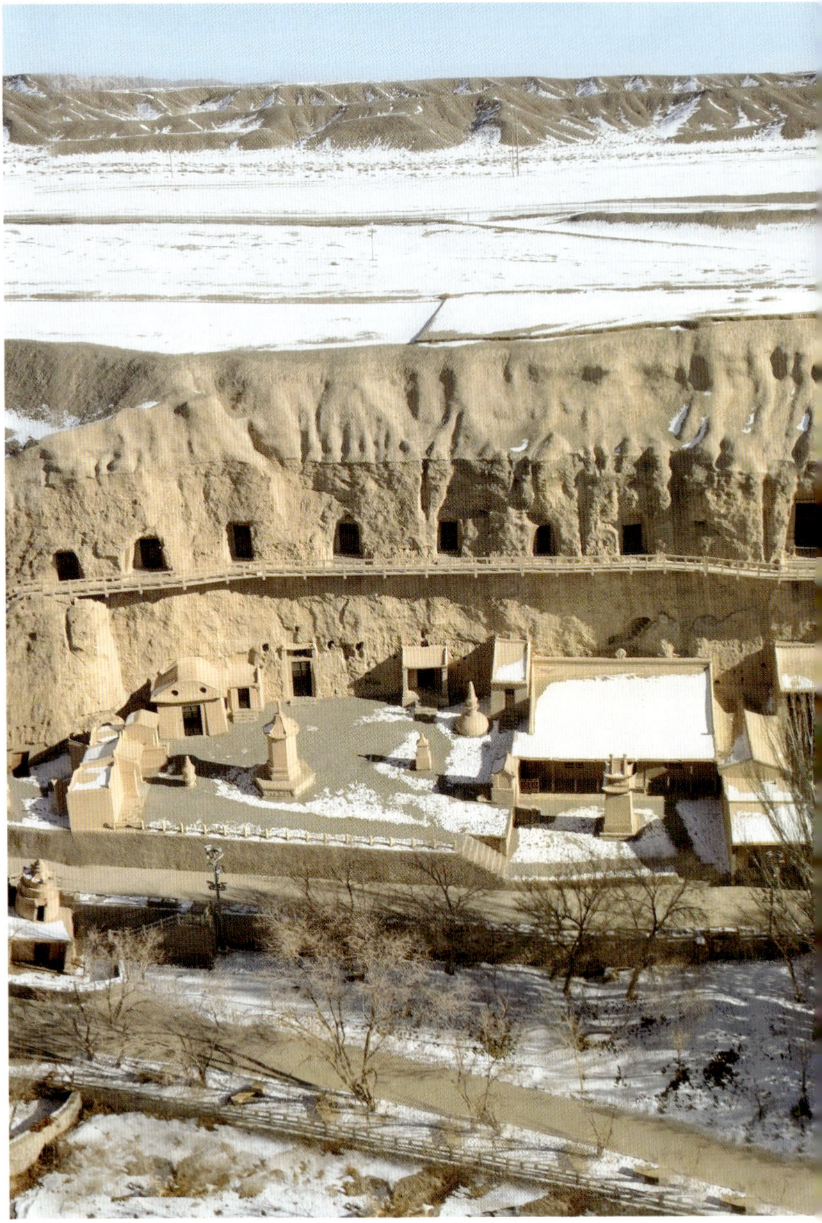

第17窟在窟区的位置　席文博摄

度来看，整个方形立柱仿佛窟里的承重柱一样，可以分散山体对洞窟立壁的压力，使得洞窟的结构更加稳固。在中心塔柱的三面或四面一般都开凿佛龛，用来安置佛像。敦煌石窟的中心塔柱窟主要在北朝时期和隋代出现，因此，早期学者们认为榆林窟第17窟、第28窟和第39窟很可能开凿于北魏时期，最迟不晚于隋代。但通过进一步研究发现，榆林窟的三个中心塔柱与莫高窟北朝时期的中心塔柱有着明显的区别。

莫高窟北魏第254窟是北朝时期经典的中心塔柱窟。该窟主室窟顶前半部分为人字披顶，后半部分为平棋顶。中心塔柱位于整个主室的中后部，其上部刚好位于平棋顶的中部，上部略大，柱壁呈弧形，四面均开龛；中部有一个略窄的平台；下部基座略大，用以承重。中心塔柱四壁开龛，正壁为一大龛，龛内主尊为交脚佛，其余三壁各开上下两层小龛，龛内均塑佛像，龛外壁面上原贴影塑，今大部分已脱落。唐代，莫高窟再无中心塔柱式洞窟开凿，覆斗顶洞窟成为最常见的窟形。比如第220窟，把原来北朝中心塔柱上的佛龛和塑像都转移到了墙壁上，形成多层次的佛龛结构，这是佛教完全中国化的表现。

榆林窟现存的第17窟、第28窟和第39窟则跟莫高窟的中心塔柱窟有所不同。我们以榆林窟第17窟为例，洞窟分前室甬道、前室、主室甬道、主室四个部分，主室顶为四坡顶，中部存中心塔柱。中心塔柱上部略大，柱壁呈弧形，中部四面开龛造像，下部是1米高的大型基座，西向面存两级台阶。通过对莫高窟和榆林窟中心塔柱典型窟的对比，可以看出榆林窟中心塔柱窟是莫高窟北朝中心塔柱窟的延续和变革，榆林窟第17窟中心塔柱虽然在某些方面继承了莫高窟中心塔柱的特点，但更多的是榆林窟模式的重新创制。如榆林窟第17窟的窟顶，这种四坡顶加中心塔柱的结构，显然是敦煌石窟覆斗顶窟和中心塔柱窟这两种形制的结合体，莫高窟从未出现过类似的石窟形制，这是榆林窟在有计划地开辟第二条敦煌石窟艺术道路时的大胆创新。

初唐时期的敦煌石窟艺术在莫高窟表现得相当优秀，所以人们也自然会对榆林窟的初唐洞窟充满期待，但现实终究是残酷的。原来，榆林窟第17窟、第28窟和第39窟虽然均开凿于初唐时期，但因为后世重修和洞窟自然崩塌等原因，导致初唐时期的壁画和塑像已经所剩无几。以下是榆林窟第17窟、第28窟和第39窟初唐时期壁画和塑像的保存情况：

|  | 第17窟 | 第28窟 | 第39窟 |
|---|---|---|---|
| 洞窟 | 除前室甬道和前室被凿穿外，洞窟结构相对保存完整 | 洞窟崩毁严重，仅剩中心塔柱及主室后部 | 窟顶坍塌严重 |
| 壁画 | 壁画经过回鹘和西夏时期重绘，仅在前甬道和主室顶部露出部分底层唐代壁画，过去佛龛内所存壁画应属唐代作品 | 中心塔柱上所存壁画多为唐代壁画，其余经后代重绘 | 回鹘重绘 |
| 塑像 | 中心塔柱四面塑像全部为唐代原作，颜色和部分肢体经清代重修 | 除释迦牟尼佛塑像为清代重塑之外，其余塑像为唐代原作，颜色经清代重绘 | 清代重塑 |

目前，只有榆林窟第28窟中心塔柱东向面过去佛佛龛内保存有相对完整的初唐时期壁画。佛龛内绘塑结合，正中央塑过去佛，佛身着右袒式袈裟，结跏趺坐于须弥座之上，佛的面部和右臂明显在清代重修，但除此之外，整身塑像基本保持初唐时期的原貌。佛祖的头光和背光内绘缠枝花卉纹，最外层绘火焰纹。火焰纹的上部伸出两棵枝繁叶茂的菩提树，树叶中硕果点点，以示佛陀正在菩提树下说法的场景。菩提树的上方绘两身飞天，每当佛祖讲到精彩之处便会在空中撒花，以示内心的喜悦。龛内还出现了一丛翠竹，这完全是中国人的审美情趣。古画以物喻人，竹子比喻谦谦君子，翠竹之下正是智慧高深的佛陀弟子。这龛造像的主尊虽然是过去佛，但弟子依旧使用阿难和迦叶的组合，一老一少、一言一静，刻画了鲜明的人物性格。弟子的旁边各有一身菩萨，尤其是迦叶旁边的菩萨，正双手合十，头朝向佛龛之外，若有所思。整幅壁画敷彩清丽，用线挺劲，布局疏朗，虽然仅是小小一龛，就已经显示出榆林窟初唐时期壁画的精美绝伦。

榆林窟初唐时期的塑像大多经过清代重修，唯有第28窟的几身塑像保持了唐代造像的雄浑富丽。该窟的凉州瑞像双足立于仰覆莲座之上，整个身体斜倚于圆券形佛龛内，左手执袈裟一角，右臂下垂施与愿印。右袒式袈裟衣纹清晰，"U"形褶皱垂于丰圆的双腿之上，颇有"曹衣出水"的绘画风格。瑞像身后绘双层火焰纹式的头光和身光，周围和龛外两侧都绘有连绵不绝的山脉，一方面具有强烈的装饰效果，另一方面也是表示该像立于山岩谷崖之中，当为传说中的御谷山之表现。

## 凉州瑞像

凉州是今甘肃省武威市的古称，在唐代，凉州常常代指整个河西走廊。凉州瑞像指的就是古代凉州地区的一尊释迦牟尼石像，这个故事与北魏高僧刘萨诃有关。在《高僧传》《续高僧传》《广弘明集》《集神州三宝感通录》和藏经洞出土的《刘萨诃和尚因缘记》等传世文献和出土文书中都有关于刘萨诃和凉州瑞像的记载。

刘萨诃，并州西河离石（今山西省吕梁市离石区）人。少年放荡，为人凶蛮，喜欢打猎杀戮；长大后参军，曾为梁城突击骑将。平日里酗酒成性，在他31岁时，因酗酒昏死七日后才醒过来。原来是因为他常年杀生，观音菩萨为了引导他，带他观看了地狱中众生之苦。刘萨诃在鬼门关走了一遭，充分认识到自己罪孽深重，更相信了因缘果报，当即出家为僧，法号慧达，并遵照观音菩萨的训导，开始云游天下，礼拜佛教圣迹。435年，刘萨诃云游到了凉州番和县（今甘肃省金昌市永昌县）。他望向县城东北方向的御谷山，并预言道："这座山里有奇异的光芒，是佛光普照，将来这里会有一尊佛像出现。佛像出现时，如果残缺不全，就预示着天下正处于混乱之中；如佛像完整无缺，就预示着天下太平，国泰民安。"当时的人都以为他在说梦话，然而，86年后（520）的一天，御谷山一带突然狂风大作，雷电交加，山谷崩裂，悬崖绝壁上竟显现出一尊石佛像，除了没有佛头之外，其余部位完好无损。这时人们想起了刘萨诃的预言，为了阻止天下大乱，立即为无头大佛雕凿佛头，准备安装在石佛上。但是，当僧

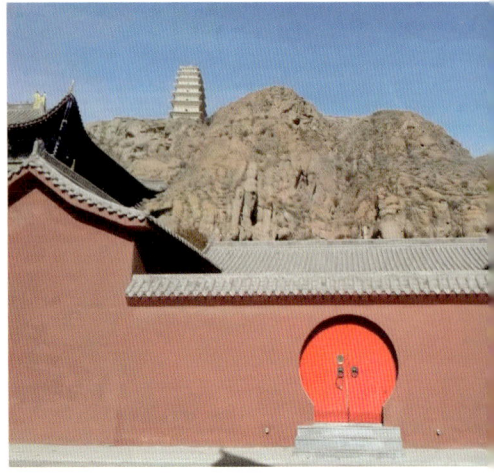

人们白天把佛头安放好之后，当夜又掉了下来，这样试了几次都不能成功。而当时正值中国历史上天灾人祸最为横行的南北朝时期，神僧刘萨诃的预言果然应验了！佛像出现的第37年（557），在距离这座山两百里的凉州城东，夜里突然出现五彩光芒，如同白昼。人们前去查看的时候，竟发现一尊石佛头像，当人们将石佛头像送到御谷山的时候，发现它竟然与石佛严丝合缝，浑然一体。这一故事在莫高窟五代时期开凿的第72窟南壁刘萨诃因缘变相中有生动表现。在这幅凉州瑞像图中，僧人们正搭着梯子为一尊山中的石佛安装佛头，有趣的是，佛像的脚下还有一个佛头，应该就是人们雕凿的佛头，它因无法与石佛契合，从而掉了下来。

为什么刘萨诃的预言如此灵验呢？抛却神话的外衣，我们走进科学

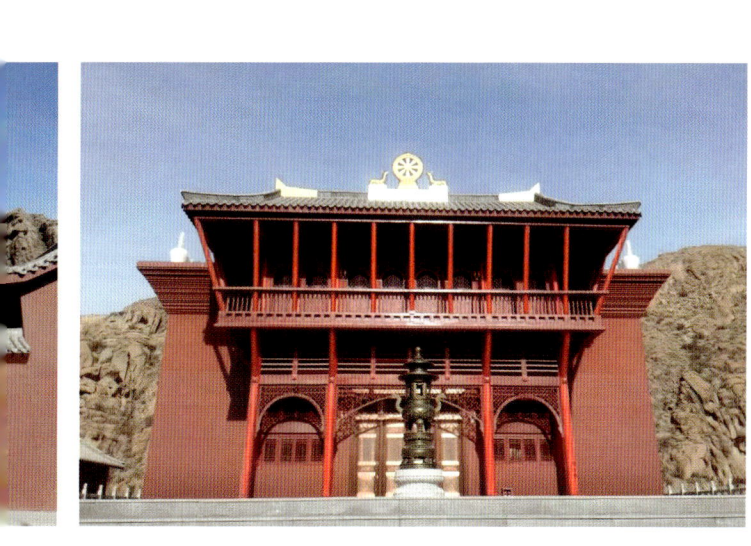

永昌圣容寺 贺金玉摄

就会发现，原来凉州瑞像诞生的御谷山位于祁连山地震带上，北周建德年间佛首跌落事件发生的同时，凉州也发生了接连的地震。《隋书·五行志》中就记载"建德二年（573），凉州地频震"。古人缺乏地理常识，认为地震就是上天在发怒，更加巧合的是，就在地震发生的第二年五月，北周武帝发动了灭佛运动。于是，佛教的法难和凉州瑞像佛头的坠落被联系起来，凉州瑞像被传得神乎其神，成为敦煌石窟壁画和塑像常见的题材。前人在敦煌石窟中共统计出11处关于凉州瑞像的壁画和塑像，其中，榆林窟第33窟南壁西侧绘有凉州瑞像（五代），第28窟中心塔柱北向面龛有塑像（初唐）。近些年，研究者在《榆林窟内容总录》的修订工作中，又发现了榆林窟现存的另外4处凉州瑞像题材，分别是第

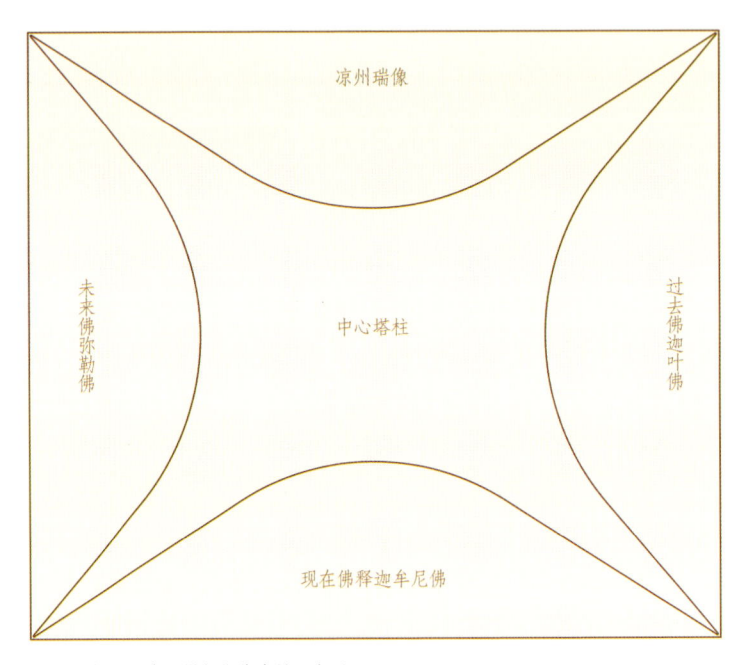

榆林窟第17窟中心塔柱塑像布局示意图

17窟中心柱东向面龛内（初唐塑像，清重修）、第39窟中心塔柱东向面龛内（清重修塑像）、第39窟前室甬道顶（回鹘重绘壁画）、第35窟前室甬道顶（宋代壁画）。

有趣的是，在榆林窟第17窟、第28窟和第39窟的中心塔柱面向正壁的佛龛内，均塑凉州瑞像，且三个中心塔柱四面佛龛的佛像布局完全相同，都是三世佛（现在佛释迦牟尼佛、过去佛迦叶佛、未来佛弥勒佛）和凉瑞像的组合。而且榆林窟"初唐三窟"无论从洞窟规模、建筑形制、空间营造、凉州瑞像位置和组合方式都与莫高窟初唐洞窟大相径庭，这么做的意义究竟是什么呢？

第一个意义是古人精神原乡的重建。因为佛教是围绕着佛陀而建立的宗教，一切围绕着伟人所建立的宗教都有一个难题，就是伟人一旦逝世之后，宗教就面临着崩塌的困境。佛陀涅槃是佛教世界重要的历史事件，无所依靠的佛教徒们必须要肩负起重建信仰的责任，好在他们还有未来佛弥勒佛。但问题是，佛经中记载的弥勒佛还有五十六亿七千万年才能降临，这漫长的时间将是无佛时代，佛教世界一片黑暗。为了让无佛时代也拥有光亮，佛教提出了像法和末法的概念，也就是用佛的形象来代替佛陀，佛像时代结束之后就真正地进入黑暗的末法时代。因此，凉州瑞像就是代替佛陀常驻世间的佛像，正是因为瑞像本身与释迦牟尼真容完全相似，故而被称为"圣容像"，喻指佛陀在末法时代不忍众生疾苦，再次降临人间传法。所以，榆林窟"初唐三窟"的凉州瑞像穿过中心塔柱与释迦牟尼佛的塑像在空间上对应，凉州瑞像左右两侧的佛龛内分别是过去佛和未来佛，从而成为过去、现在、未来的中间环节。

第二个意义是敦煌石窟营造佛教中心的需求。在古代，一个寺院是否有圣迹出现和高僧加持，是寺院之所以名声远扬的资本，白马寺正是因为白马驮经才成为中国佛教的祖庭。如何讲好寺院故事呢？唐代以后的寺院，为了说明本寺藏的经书是真经，就纷纷在藏经阁里画上了玄奘的形象，因为大家都知道"唐僧取经"的故事。刘萨诃的法号是慧达，佛教界认为刘萨诃就是与法显一起去印度取经的慧达，因此刘萨诃相当于北朝时期的唐僧，是古代营造佛教中心最具代表性的 IP 之一。对于敦煌佛教界而言，刘萨诃这个 IP 是可以大肆宣传的，因为在《续高僧传》中记载刘萨诃"行至肃州酒泉县城西七里石涧中死。其骨并碎，如葵子大，可穿之"。刘萨诃圆寂于肃州，而初唐时期的肃州曾被瓜州都督府管辖过，因此，瓜州榆林窟拥有刘萨诃 IP 的使用权。

敦煌石窟蹭这个 IP 的行为还不止于此，以至于后来传出：莫高窟前的宕泉河是被刘萨诃用锡杖划出来的。藏经洞出土的敦煌文献 P.3302《长兴元年河西都僧统和尚宕泉建龛上梁文》中就有"古有三危圣迹，萨诃引锡因此资鸿基"的记载。《刘萨诃和尚因缘记》中甚至记载"莫高窟亦和尚受记，因成千龛者也"。也就是说莫高窟的第一批洞窟是由刘萨诃开凿的，这显然是敦煌人为了提高了莫高窟在佛教史上的地位而编造的，以至于抢了乐僔的功劳，谁让乐僔不是名僧呢。

除凉州瑞像之外，从敦煌写卷反映的情况来看，河西地区还流行其他瑞像，如 P.3352 卷记载的张掖古月支王瑞像、S.2113 卷记载的酒泉郡瑞像等。但凉州瑞像是全国佛教的共识，故而成为敦煌的一个宗教标志，与于阗牛头山瑞像处于对等的地位而超然于其他瑞像，榆林窟第 33 窟的圣迹图中就有将两者置于同等地位的表现。前者代表敦煌，后者象征于阗，反映这一时期敦煌和于阗之间紧密的同盟关系，也反映了敦煌石窟营造佛教中心的需求。

　　第三个意义是李唐王朝的政治需要。北周建德初年的一天夜间，凉州瑞像佛首自行落地，朝廷派大冢宰和齐王亲临察验，并举行仪式重新安放，但佛头白日安好，夜晚脱落，反复十余次，仍然如此。到了建德三年（574），武帝开启灭佛运动，印证了刘萨诃"盛世则完，乱世则缺"的佛首预言。正因为它预言了北周政权的灭亡和周武帝灭佛运动，所以成为护国护教的象征。于是隋开皇年间在其原址之上修建了寺院，大业五年（609），隋炀帝西征的时候还亲自前往礼觐，并改寺名为感通寺，从而承认了凉州瑞像护国护教的功能。唐朝，皇家十分重视这座寺院，太宗贞观十年（636），感通寺像山出现凤鸟蔽日祥兆，太宗派使供养；贞观十九年（645），玄奘法师从天竺取经归途中，来感通寺拜佛讲经；唐中宗时，中宗多次派特使郭元振、霍嗣光等前往寺院敬奉法物。与此同时，隋唐王朝确实应该感谢上天，因为这个时候凉州确实没有发生强烈的地震，保住了凉州瑞像的佛头。可见，隋唐王朝延续了北朝以来的瑞像信仰，认为正是因为北周武帝灭佛，才导致北周王朝丧失天命，最终以其瑞应颂扬了隋唐帝国的胜利。著名艺术史家巫鸿先生同样认为"凉州瑞像是北方本地的瑞像，象征了一个强大政治力量在中国北方的崛起。所以它所代表的正是隋、唐的中央政权和统一国家。"因而，榆林窟第17窟、第28窟、第39窟的洞窟规模、气势、凉州瑞像的布局无不显示唐代开国之初，继承正统，奠定盛世基业的雄心。

第39窟

第 39 窟在窟区的位置

## 敦煌石窟的新时代

莫高窟现存北凉时期洞窟3个，北魏时期洞窟15个，西魏时期洞窟6个，北周时期洞窟16个，隋代洞窟94个，唐代之前现存洞窟总计134个。由于砂砾岩的胶结程度低、结构较疏松，考虑到洞窟的使用寿命，故莫高窟早期洞窟的规模一般较小，除建平公于义开凿的第428窟面积超过100平方米以外，其余洞窟的面积都在30平方米左右。到了唐代，莫高窟才开始营建大型洞窟，到了五代、宋时期，也有如第61窟、第100窟和第55窟等规模庞大的洞窟开凿。与莫高窟不同的是，榆林窟第17窟、第28窟和第39窟作为早期洞窟，在开创之初就达到了榆林窟洞窟规模的巅峰，除第28窟崩塌严重无法计算其面积外，第17窟和第39窟的面积都达到了100平方米以上，远超莫高窟早期洞窟。另外，榆林窟第17窟和第39窟分别占据了榆林河峡谷东西两崖最开阔的中心位置，可谓占尽地利。

莫高窟的创建是由乐僔偶然开启的，然后经过历代佛教信徒虔诚接力，才逐渐形成了今天所见的宏大规模。因此莫高窟的营建并没有统一的规划，所以才形成了诸多时代的洞窟"挤"在一起的现象。到初唐时期，敦煌石窟艺术已经发展了近300年，恰逢瓜州成为政治中心，榆林窟第17窟、第28窟和第39窟作为当时瓜州地区的石窟开创之作，所以才呈现出大气磅礴、开拓进取的气势。之后的五代、宋、西夏、元、清都继承了这种不断打破常规的创新精神，从而形成了榆林窟艺术的完整面貌。

榆林窟是莫高窟的姊妹窟，但诸多现象表明，榆林窟的营建遵循着区别于传统敦煌艺术的新范式,这是瓜州的政治地位超越敦煌之后,文化自信趋势下的刻意营造。而洞窟中无论是中心塔柱还是凉州瑞像,都是对莫高窟早期石窟形制和敦煌佛教信仰内容的继承和创新,是一次伟大的艺术革命,意在开启敦煌石窟的新时代。

# 榆林窟第一大佛

## 第 6 窟

第 6 窟主室保存一尊高 24.7 米的倚坐弥勒大佛,高度仅次于莫高窟第 96 窟大佛(高 35.5 米)和莫高窟第 130 窟大佛(高 27 米),是敦煌石窟中的第三大佛。

在榆林窟窟区的中心位置,坐落一小院儿,俗称"四合院"。经由这座小院儿,方可进入榆林窟第 6 窟,这是榆林窟现存规模最大的一座洞窟。

### "庄严法界"匾额

在榆林窟四合院古朴的清代木门顶部,悬挂着一块风格同样古朴的清代匾额,上书"庄严法界"四个大字。从匾额的其他匾文可知,此匾是玉门县昌马镇(今玉门市昌马镇)住户李天义在光绪辛丑年(1901)夷则月捐献的。

榆林窟四合院

"庄严法界"匾额

李天义向榆林窟捐献这块匾是为了还愿。原来在他的侄子们参加科考前，他曾不辞远途地来到榆林窟在佛祖面前许了愿，祈求佛祖保佑家族的年轻人可以金榜题名，荣耀家门。可能真的是李天义的诚心打动了佛祖，他的三个侄子均高中，分别成了文生、武生和拔贡生。清代，凡是经过本省各级考试进入府、州、县学的文武童生，被称文生和武生，也就是通常所讲的文秀才和武秀才。李天义的侄子李得炜成了文生，李善述成了武生，李氏一门文武秀才齐备，这确实羡煞旁人。更值得自豪的是侄子李善继成了

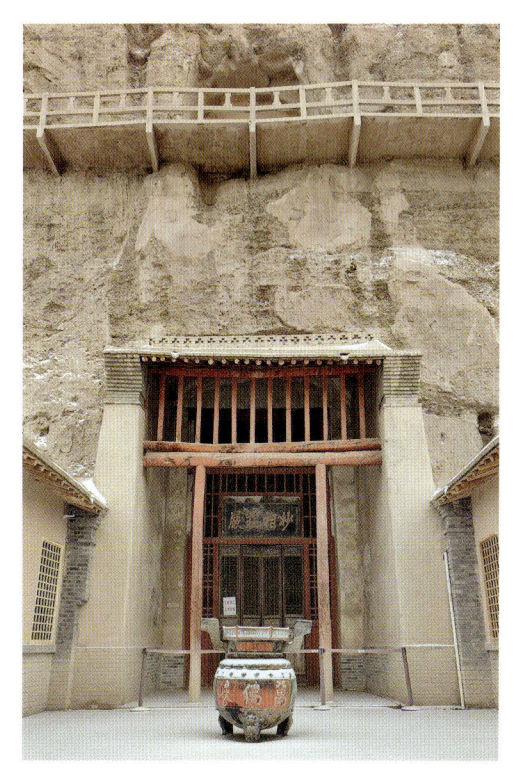

第 6 窟窟檐

拔贡生,这可是由甘肃学政直接选拔最优秀的生员,贡举到国子监成为太学生,每府学两名,州、县学各一名。如果在朝廷的考核中合格,入选者一等任七品京官,二等任知县,三等任教职。放到今天,李善继相当于以甘肃省高考状元的身份进入国家最高学府,就算在毕业考核中只是勉强合格,也必然是一位教员。这样的成绩确实令李天义喜出望外,为了感谢佛陀保佑,他便满怀感恩地进献了这块匾额。

## 降龙罗汉和伏虎罗汉

进入四合院,迎面看到的便是第 6 窟的窟檐建筑。窟门顶部悬挂着一块道光十二年(1832)安西直隶州百姓捐献的"妙相庄严"黑底匾额,窟前南北两壁保存着两幅水墨画,内容分别是降龙罗汉和伏虎罗汉。与榆林窟第 11 窟的罗汉像不同的是,这里的伏虎罗汉是个欢乐的老头,他右手轻抚着老虎的额头,老虎的胡须用钉

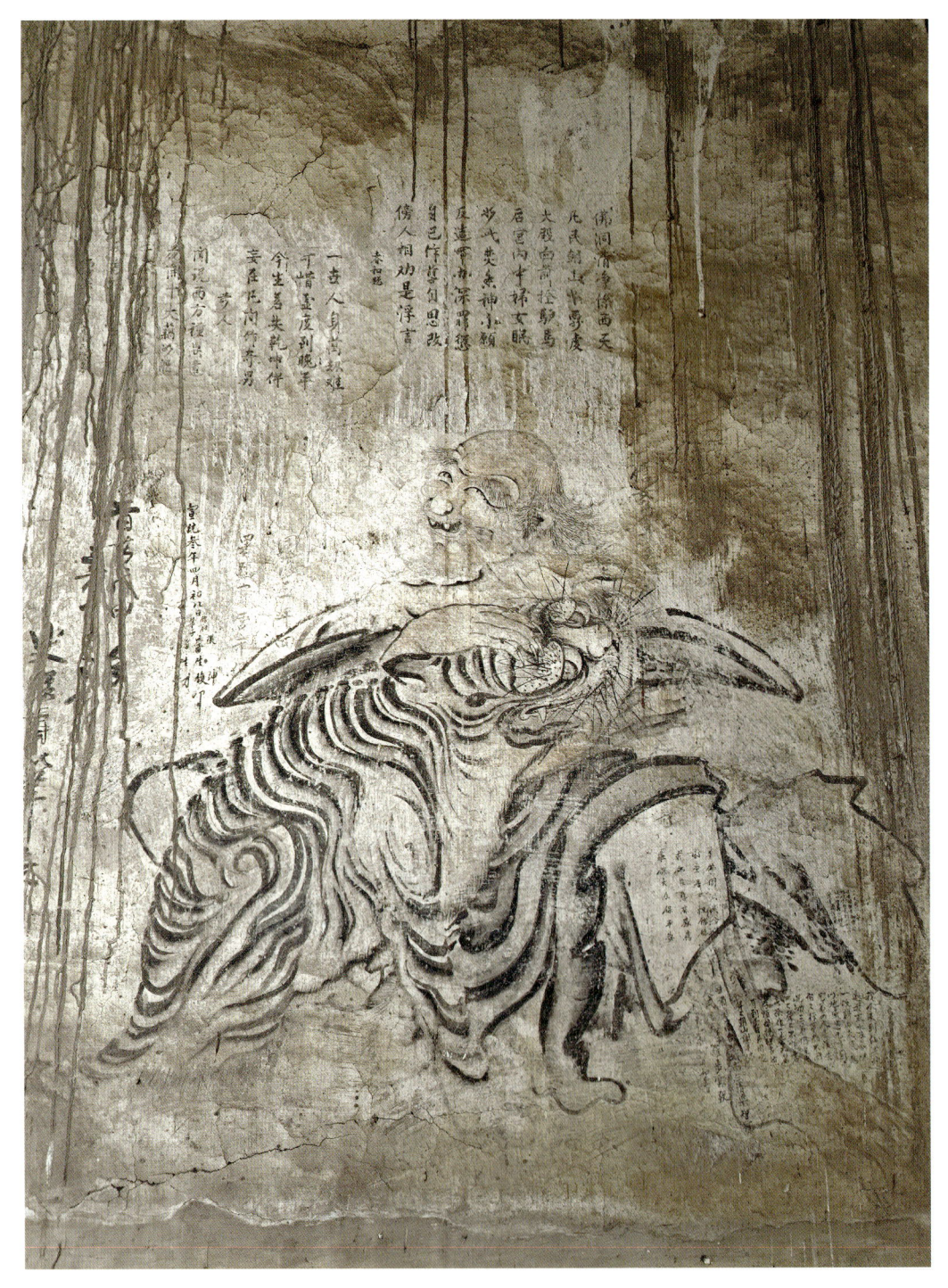

伏虎罗汉

降龙罗汉

头鼠尾描的线描技法表现，它的眼睛里充盈着乖巧和温顺，全身依偎在罗汉的怀中，更像是一只善解人意的胖猫。与之相对的画面中，一条墨龙正在天空中腾飞，龙是中国古代的水神，巧妙的是，由于第 6 窟窟檐漏水的原因，降龙罗汉所在的墙壁上的一道道泥痕，像是一道雨幕，苍劲的墨龙在云层中显露出头部。然而，身形如此雄健的神龙，眼神却是孱弱的，与端坐在山石上的罗汉四目相对，罗汉怒目圆睁，全身青筋暴起，脚趾蜷在一起，提衫似要去捉那只惊破心胆的墨龙，如此紧张的画面中却有一枝兰花在石桌上安静地生长。两幅罗汉像用苍劲俊逸的笔法和浓淡相宜的水墨，勾勒出紧张、戏剧性突出的水墨人物画，彰显了画工高超的绘画技艺。

## 弥勒大佛

第 6 窟主室保存一尊高 24.7 米的倚坐弥勒大佛，高度仅次于莫高窟第 96 窟大佛（高 35.5 米）和莫高窟第 130 窟大佛（高 27 米），是敦煌石窟中的第三大佛。弥勒佛面相丰满，颔下有三道颈纹，身躯雄健，比例适当，衣纹流畅，气势恢宏，表现出唐代前期造像的风格特征。佛陀面部贴金，身着石绿色袍服及绛红色袈裟，色彩艳丽，这些均为清嘉庆年间重新装饰。周身绘制了巨大的背光图案，窟顶则是华美的莲花藻井。傍晚，太阳西斜，阳光透过明窗射进来洒在塑像黄金装饰的面部和胸部，从而使整个洞窟内流光溢彩，金碧辉煌，好似佛陀显圣一般。

榆林窟第 6 窟开凿于唐代。在敦煌石窟中，共有三座弥勒大像窟，分

第 0 窟 弥勒大佛 唐

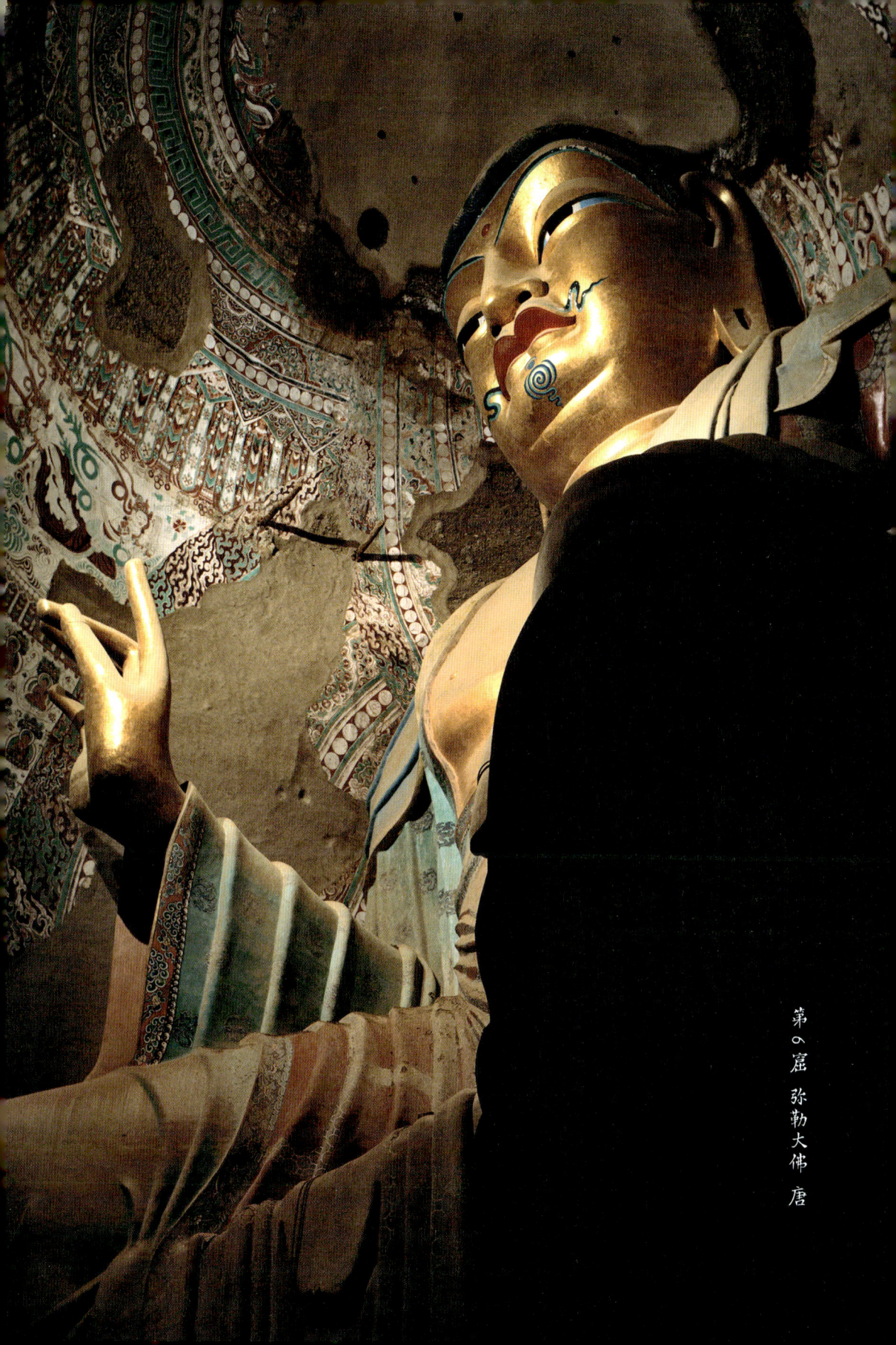

别是莫高窟第96窟、第130窟和榆林窟第6窟。值得注意的是，莫高窟第130窟的窟主并不是敦煌人，而是晋昌郡都督乐庭瓌（guī）。晋昌郡设郡时间是742至758年，因为瓜州是唐代瓜沙二州的政治中心，所以晋昌郡的首府在瓜州。但是，居住在瓜州的都督乐庭瓌供养的弥勒大佛为什么会远在莫高窟呢？如果仔细观察榆林窟洞窟的崖面布局，就会发现问题的关键所在。整个榆林窟窟区内适合开凿洞窟的崖面较少，西崖长期受榆林河水流的不断冲蚀和切割，崖前面积十分狭小，不适合开凿规模庞大的弥勒大像窟，相对宽敞的东崖便成了唯一的选择。然而，东崖的可开凿崖面十分有限，局限在今榆林窟第12窟至道长楼之间的崖壁上，长度仅在150米左右，如果榆林窟第6窟还没有开凿，乐庭瓌必然会选择将弥勒大像窟开凿在榆林窟。但此时榆林窟第6窟必然已经开凿了，并且占据了东崖的中心位置，如果继续选择在榆林窟开凿弥勒大像窟，两尊弥勒大像窟的距离将不会超过50米。正是考虑到了这种拥挤且重复的建设是没有意义的，所以他才选择在莫高窟修建新的弥勒大像窟。而莫高窟的情况要比榆林窟好很多，盛唐时期南区的洞窟还比较少，拥有充足的开窟空间。并且，莫高窟本就是多家寺院并存，两尊弥勒大像窟各属不同的寺院，所以莫高窟南大像（第130窟）就此开凿了。根据藏经洞文献P.3721《瓜沙两郡大事记》的记载，莫高窟第130窟开凿于开元九年（721）。就在第130窟开凿不久，吐蕃人入侵瓜州，唐朝与吐蕃展开了近十年的拉锯战，战事中断了莫高窟第二大窟的开凿。据目前的研究，学者们认为乐庭瓌应该在746至758年之间的某一年出任晋昌郡都督，在这期间完成了莫高窟第130窟的营建。榆林窟第6窟的营建早于莫高窟第130窟，所以开凿时间应该在721年之前的唐朝。

## 武则天与弥勒大佛

　　石窟中出现的大型坐佛一般都是弥勒佛，且大多开凿于唐代，这与武则天有莫大的关系。武则天作为中国历史上唯一的一位女皇帝，为了给自己登基称帝找一个合理的解释，便从佛教典籍中寻找女性当权的依据。薛怀义首先在《大云经》中找到了"一佛没七百年后，为女王下世，威伏天下"的记载，用净光天女将君临一国的佛祖预言，为武则天登基制造舆论。之后，薛怀义和僧法明又作《大云经疏》呈给武则天，此疏中甚至说，武则天就是弥勒下世，所以武则天"当代李唐，入主天下"。《新唐书》中记载，载初元年（690）九月初三，关中耆老900余人自发赶到洛阳，"请革命，改帝氏为武。"于是，武则天为了顺应天命和人心，于九月九日登基，改国号为周，定都洛阳。武则天登基一个月后就下诏，让洛阳、长安两京和天下所有州郡都要修建大云寺，塑弥勒像，藏《大云经》。在这样的政治形势下，举国上下开始营造弥勒大佛，根据《莫高窟记》的记载，莫高窟第96窟就是禅师灵隐和居士阴祖在证圣元年（695）开凿的。由于缺乏文献资料，我们不能确知榆林窟第6窟的具体开凿年代，但在当时举国营建弥勒大佛的风气影响下，榆林窟作为瓜州地区重要的佛教中心，自然不会置身事外。因此，榆林窟第 6 窟的开凿时间很可能在 695 至 721 年之间。

## 大肚弥勒

　　民国时期在第 6 窟弥勒大佛两侧塑文殊、普贤坐岩塑像，比较特别的是，此处的青狮和六牙白象都是蹲坐的小像，显得憨拙可爱。此外，还在弥勒像前的中心佛坛上塑有布袋和尚像。布袋和尚本名契此，明州奉化（今浙江省宁波市奉化区）僧人，号长汀子，是五代时期后梁的高僧。据说他身体肥胖，尤其是肚子很大，常用木杖挑着一个布袋，见人就乞，别人供养的东西他统统放进布袋，却从来没有人见他把东西倒出来过。布袋和尚整日袒胸露腹、笑容可掬，性情幽默风趣、与人为善、乐观包容，深受人们的尊敬。契此圆寂于岳林寺东廊盘石上，临终时留下一句偈语："弥勒真弥勒，化身千百亿，时时示时人，时人自不识。"从此，契此是弥勒菩萨化身的说法广为流传。因为契此平生最爱游化雪窦山，并在雪窦寺弘法，所以雪窦山被世人尊为"弥勒圣地"。

　　五代以后，江浙一带佛教寺院逐渐以契此为原型塑造弥勒像，此造像被人们称为大肚弥勒，后来逐渐流行全国。到了西夏晚期，这种形象已经传到了敦煌石窟里，东千佛洞第 2 窟的壁画里就出现了大肚弥勒的形象。如今国内寺庙进门的第一个佛殿就是弥勒殿。而且，弥勒殿里通常都有一副相同的对联，即"大肚能容容天下难容之事，开口便笑笑世上可笑之人"，

杭州飞来峰 大肚弥勒像

表达了中国人豁达的精神追求。另外，由于契此的形象通常是面带笑容，手提布袋，有和气生财、累积财富的意味，所以也逐渐演变成了民间信仰中的财神。弥勒大佛和大肚弥勒这两种弥勒最具代表性的形象，同时出现在榆林窟第6窟之中，表现了弥勒信仰和弥勒造像艺术的演变历程，是中国石窟中的特例。

## 榆林窟大洪水

榆林窟第6窟虽然是初唐时期开凿的，但初唐时期绘制的壁画已经再难寻觅，窟内现存壁画绝大部分是五代、宋、西夏和元代重绘的。尤其是窟内底层的壁画斑驳不堪，经过了多次重绘，这主要是因为榆林河曾多次暴发特大洪水，河水倒灌入洞窟，导致第6窟底部的壁画被淹没，上层壁画受潮后也慢慢脱落。第6窟在榆林窟众多洞窟中所处位置最低，曾多次遭受洪水的侵袭。到了清末，洪水再一次侵入洞窟，淹没了洞窟底层，当时的信众为了镇压水鬼，就在弥勒像前塑了两根盘龙柱以求水患平息。

洪水对榆林窟的影响很大，榆林窟西崖绝大多数洞窟的前室甬道和前室就是因河水的常年侵蚀，以致破坏崖面底部而崩塌的。第5窟是榆林窟现存唯一的涅槃窟，室内保存一身长约11米的卧佛像，因受洪水影响，它被常年淹没在泥沙中不为人知。直到嘉庆四年（1799），河州（今甘肃省临夏回族自治州）一位姓莫的人因身染疾病，遂来到榆林窟发下清理积沙的宏愿，并偶然发现了埋藏在泥沙里的卧佛像。据罗寄梅先生记载，他

榆林河夏汛

第 5 窟外景

来到榆林窟时，第 5 窟还保存有一则"嘉庆十三年岁次戊辰梅月上浣重修三危山愉（榆）林窟千佛洞睡佛殿序文"题记。该题记现已不存。从目前的遗迹来看，榆林窟第 5 窟应开凿于唐代，或许与第 6 窟同期开凿。第 5 窟窟顶中央有一处凹进去的空间，现存 5 级台阶，应该是原先大殿的台阶，由此可知第 5 窟原本是规模宏大的两层大殿。大洪水之后，唐代庄严的大殿被冲毁，现在保存下来的一层大殿是清代发现卧佛之后于 1808 年重修的。重修大殿时，又在第 5 窟前修建了一座方形楼阁式塔，塔内塑一尊水月观音像。

第 6 窟是榆林窟规模最大的洞窟，窟内保存了榆林窟唯一的一身弥勒大佛。虽历经千年风雨，只要你推开窟门，雄浑壮丽的唐风仍旧在傍晚的微光里扑面而来。

# 敦煌壁画里的小人物

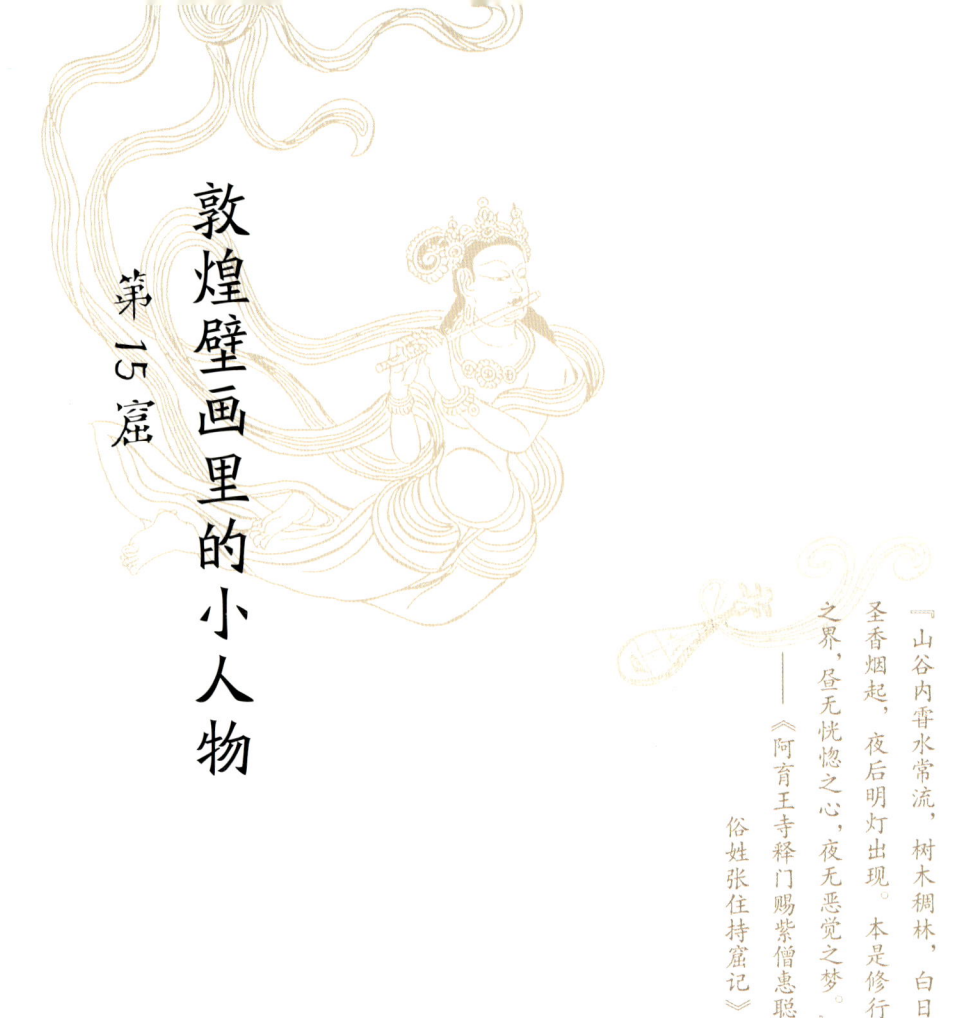

## 第 15 窟

> 山谷内霄水常流，树木稠林，白日圣香烟起，夜后明灯出现。本是修行之界，昼无恍惚之心，夜无恶觉之梦。
>
> ——《阿育王寺释门赐紫僧惠聪俗姓张住持窟记》

　　榆林窟第 15 窟开凿于中唐，正是吐蕃统治瓜州的特殊时期，吐蕃艺术的输入极大地丰富了榆林窟的艺术内涵。洞窟主室经西夏重修，绘制了相对单调的装饰性壁画，仅有前室和前室甬道保存了中唐时期的壁画。第 15 窟前室保存的中唐壁画虽然受到不同程度的损坏，但其艺术造诣却达到了榆林窟艺术的巅峰，甚至可与素有"敦煌石窟艺术之冠"的榆林窟第 25 窟相比肩。

## 瓜州保卫战

　　吐蕃于 7 世纪崛起于青藏高原。吐蕃赞普松赞干布把政治中心迁到逻些（今西藏自治区拉萨市），吐蕃王朝逐渐强大起来，因此，松赞干布被认为是吐蕃的实际立国者。吐蕃常常骚扰唐朝边境地区的州县。为了保证边境安全，唐高宗派名将薛仁贵出征吐蕃，因为副将郭待封的轻敌冒进，薛仁贵在大非川之战中大败而归。这是唐朝开国以来对外作战中的一次严重失利，吐蕃趁机占领西域的大部分地区。50年后，吐蕃开始逐步侵吞河西走廊和陇右地区（今甘肃东部）。727年春，吐蕃大将悉诺逻入侵河西，时任河西节度使的王君㚟在甘州大败吐蕃军，并率军追击上千里，一直打到大非川，一雪前耻。王君㚟成为吐蕃向北扩张的极大障碍，悉诺逻为了对付王君㚟，率军突袭瓜州，俘虏了王君㚟的父亲王寿。在进攻瓜州的同时，悉诺逻分遣副将围攻王君㚟老家常乐县，县令贾师顺婴城固守。瓜州城陷后，悉诺逻率全军近10万人攻打常乐，贾师顺仅靠5000名士兵和百姓守城，坚守了近三个月，终于等来了王君㚟的援军。第一次瓜州保卫战因贾师顺和将士们的苦苦坚守，最终以唐王朝的胜利而宣告结束。

  后来，王君㚟被回纥人谋杀，朝廷紧急调派张守珪担任瓜州刺史。此时瓜州城破，到处都是残垣断壁，为了防御吐蕃人，张守珪立刻组织军民日夜赶工，修筑瓜州城防。不久，悉诺逻率领吐蕃军队再次围攻瓜州，因双方兵力悬殊，张守珪无法正面迎敌，只得使用"空城计"应对。悉诺逻率军前来，只见瓜州城城门大开，大街上还有人正不紧不慢地清扫街道。而此时，后方的山路上突然火光冲天、尘土飞扬，似有千军万马奔驰而来。悉诺逻赶紧下令撤军，张守珪命城内所有的男子穿上军装，一齐涌出城佯装追赶，成功吓跑了吐蕃兵马。第二次瓜州保卫战以唐王朝的胜利宣告结束。728年，吐蕃大将悉末朗进攻瓜州，被张守珪击退。为了解决瓜州被动防御的局面，张守珪联合贾师顺，对吐蕃大同军发动突然袭击，大获全胜，吐蕃军退回到青海地区。第三次瓜州保卫战仍以唐王朝的胜利告终。755年，安禄山联合史思明反叛，安史之乱爆发，唐朝从此开始由盛转衰。为了抵挡叛军，唐玄宗调河西节度使哥舒翰带领河西兵马入驻潼关，抵挡安禄山的攻势。与此同时，河西走廊军事防务空虚，吐蕃趁机大举入侵河西走廊。776年，吐蕃攻克瓜州。十年后，敦煌也被吐蕃占领，整个河西走廊陷入了吐蕃统治时期，榆林窟第15窟就是在这样的历史背景下开凿的。

## 天王

第15窟前室南北两壁分别绘南方毗琉璃天王和北方毗沙门天王。毗沙门天王，赤裸上身，身上饰璎珞和臂钏，头发披在两肩，双目圆睁，面相威严。天王的右手持宝棒，左手握着一只口含宝珠的貂鼠，游戏坐于金刚宝座之上，天王身后有菩提双树和华盖，椭圆形的头光和背光相互映衬，两身飞天正在空中飞舞散花。整身北方天王像呈现出浓郁的吐蕃艺术风格。北方天王，又名毗沙门天王，居四大天王之首，也是镇守北方的护法神，是古代敦煌、于阗以及中亚一带最受崇拜的天王，尤其在西藏民间宗教和

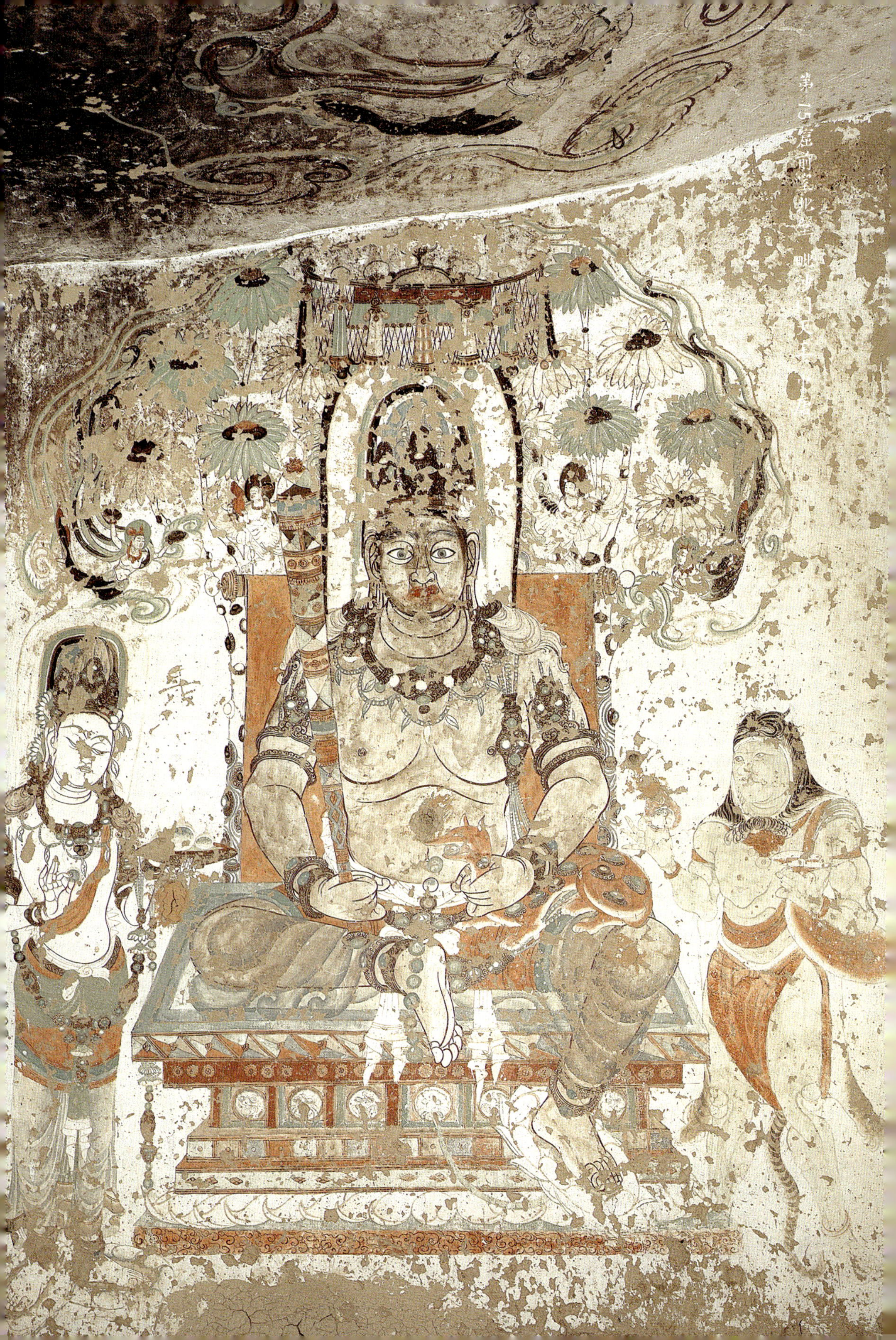

藏传佛教信仰中有着十分重要的地位。藏传佛教中的黄财神通常手持吐宝鼠，吐宝鼠的嘴中常常吐出宝物，所以这身毗沙门天王也被认为是黄财神。这只吐宝鼠可不简单，它曾帮助唐军击退过吐蕃军队。相传742年，安西都护府被吐蕃军围困，唐玄宗立刻派兵救援，但西域山遥路远，情况十分危急。唐玄宗请不空做法求神相助，毗沙门天王果然在城楼上出现。天王手中的吐宝鼠咬断了敌军的弓弦，敌军无法使用弓箭，只好撤出战场。在《西游记》中那个住在无底洞里的老鼠精就是以它为原型创作的。北方天王的左右两侧分别绘有一身力士和菩萨。这位力士右手拿着摩尼宝珠，左肩挎一个皮质袋子，头戴虎皮帽，下身着犊鼻裤（短裤），身披整张虎皮。吐蕃人把虎皮叫大虫皮，用虎皮缝制的衣帽是吐蕃人表彰英雄的服装，即"贵人有战功者，生衣其皮，死以旌勇"。这位英勇的力士就是毗沙门天王的二儿子独健，他在安西都护府保卫战中率500名天兵击退吐蕃军而获得战功，被赐以虎皮。

前室南壁绘南方毗琉璃天王，身穿明光铠，面色白净，双手持箭，似乎正要弯弓搭箭。南方天王脚下的两只小鬼因忍受不了身上的负荷而面露痛苦挣扎之色。天王身后的夜叉，兽面人身，身体裸露，肌肉发达，嘴巴大张，獠牙外露，火红色的头发蓬松而卷曲，类似如今流行的烫发；右手于胸前抱箭袋，左手举于额前似作瞭望状，整个姿势像极了今天大家拍照时做出的"OK"姿势。夜叉的整个身体肌肉发达，皮肤呈火焰色，孔武有力，与其面部呈现的"吃瓜"表情形成鲜明的对比。最有趣的是，这本来是一

第15窟前室南壁 毗沙門天王像

尊威震八荒的天王形象，但其捏箭的右手不仅皮肤白皙，手姿更是呈兰花指法，果然是"天王怒目，菩萨心肠"的生动写照。

## 地藏菩萨

在第 15 窟前甬道南壁西侧，绘有一身披帽地藏菩萨像。画像中地藏菩萨头戴风帽，面相丰圆，双目微睁，神态安详；左手托宝珠，右手持锡杖，结跏趺坐于莲花宝座之上。《大乘大集地藏十轮经》中称其"安忍不动如大地，静虑深密如秘藏"，故得此名。据《地藏菩萨本愿经》记载，地藏菩萨曾经发过宏愿，"众生度尽，方证菩提；地狱未空，誓不成佛"，因此在民间被誉为"大愿地藏"。传说他的道场在安徽九华山，与"大智文殊""大行普贤""大悲观音"，合称中国四大菩萨。

地藏菩萨因弥补无佛时代的空缺而产生。释迦牟尼佛涅槃后，直到弥勒佛降生的五十六亿七千万年间是无佛的时代，为了让佛教徒在无佛时代也能有所依靠，地藏菩萨信仰应时而生。佛经中说，地藏菩萨受释迦牟尼佛的嘱托，在释迦牟尼佛涅槃后留驻世间，守护佛法和救度众生。佛教认为世间有地狱、饿鬼、畜生、阿修罗、人间和天界六道，地藏菩萨就是六道的看护人。地藏菩萨的全称是"幽冥教主地藏王菩萨"。唐代以后，地藏菩萨常常作为地狱的掌管者，与十殿阎罗（秦广王、楚江王、宋帝王、仵官王、阎罗王、卞城王、泰山王、都市王、平等王、转轮王）同时出现。随着佛教的世俗化，地狱信仰在唐代以后越来越流行，据佛经记载，人在

第15窟前甬道南壁 披帽地藏菩萨

地藏十王图 敦煌莫高窟藏经洞出土

生前诵念地藏菩萨名号，并供奉其像，就能得到地藏菩萨的救助，死后也能不入地狱受苦，可在六道轮回中避免进入地狱、饿鬼、畜生三恶道，实现六道中的阶级跃迁。

## 最美的飞天

洞窟前室南北两侧的窟顶各保存一身飞天。因前室西北角曾有人生火取暖，导致顶部的大部分壁画被熏黑，窟顶北侧的飞天也未能幸免。然而，原本粉白的墙壁在这股烟火气的熏染下更增添了一番意味，飞天周围绘五彩祥云，似乎她刚刚拨开重重的云霞，俨然一幅"守得云开见月明"的场景。飞天上身半裸，下着长裙，小腿向后微曲，整个身形弯曲如蛾眉之月，再饰以长长的飘带，衣裙和飘带似在空中随风飘舞，灵动飘逸，动感十足。飞天手中的凤首箜篌，非常罕见，因其琴首饰以凤首而得名。这是一架单弦箜篌，如今已经失传，人间再难寻觅。焦黑的虚空好似共工怒触不周山之后的天空，凤首咬着一根琴弦，飞天轻轻拨弄，似乎正弹奏出"女娲炼石补天处，石破天惊逗秋雨"的意境。

窟顶南端的飞天体态丰腴，经典的唐风跃然于壁上。飞天身姿丰满富态，却无一丝沉重坠落之感，相反，其身后的飘带潇洒飘逸，动态十足，配合周围的五彩祥云，似乎刚刚从虚空中化现出来一般。飞天雪白的皮肤与墙壁浑然一体，淡淡的线条若隐若现，尤其是下肢的处理，左脚丫惬意地搭在右腿上，仿佛一位"虚步蹑太清"的上仙。飞天表情温婉，目视前方，

第 15 窟前室北侧窟顶 飞天 中唐

第15窟前室南侧窟顶 飞天 中唐

正专注地吹奏着横笛，飘带状如波浪在身后翻滚，一如正在跳动的音符。今天的我们步入洞窟，似乎依然可以听到那美妙悠扬的笛声。

看完这两身飞天，我们也就能够理解飞天为什么是敦煌艺术的名片了。佛教是以佛陀为中心创造的宗教世界，佛陀当然是佛教中的大人物，正因如此，佛经里对佛陀的描述也是最多且最具体的。当后世画家绘制佛陀的形象时，佛陀的尊像早已经在佛经里规定好了，不容改变，画师没有太多的创作空间，因此绘制佛像往往是佛教艺术中最固定和程式化的一类。对于画师而言，那些佛教世界中无关紧要的小人物才是他们大显身手的地方，比如童子、天女、药叉等形象在佛经中并没有具体形象的记载。最典型的当属飞天了，飞天作为普通的天众，佛经几乎没有对它做过具体描述，使得它的形象有了极大的想象和创作空间。画师们将自己最美好的想象和最精湛的绘画技法用到飞天的身上，经过历代不断创新，终究造就了敦煌艺术最闪耀的名片。

## 西夏人眼中的榆林窟

第15窟前室的内容已经精彩纷呈，主室本应该更加精妙绝伦。然而，主室的唐代壁画并未保存下来，而是全部经过了西夏重修，营造出西夏的净土世界。主室东壁和南北两壁共出现了23身供养菩萨，窟顶出现了大量的经幡纹样。经幡是用来超度亡灵的，敦煌藏经洞曾出土了不少经幡实物。种种线索表明，这个洞窟应该是西夏时期重修的一个祭祀洞窟。另在第15窟主室甬道北壁上部，保存有一则汉文墨书题记，即著名的《阿育王寺释门赐紫僧惠聪俗姓张住持窟记》（简称《榆林窟记》，第16窟前室甬道亦有此题记）：

盖闻五须弥之高峻，劫尽轮王；四大海之滔深，历数潜息。轮王相福，无逾于八万四千；释迦装严，难过于七十九岁，咸归化迹，况惠聪是三十六勿有漏之身。将戴弟子僧朱什子、张兴遂、惠子、弟子佛兴、安住及白衣行者王温顺共七人，往于榆林窟山谷住持四十日，看读经疏文字，稍薰习善根种子。洗身三次，因结当来菩提之因。初见此山谷是圣境之地，古人是菩萨之身。石墙镌就寺堂，瑞容弥勒大像一尊，高百余尺，三十二相，八十种好端严。山谷内霄水常流，树木稠林，白日圣香烟起，夜后明灯出现。本是修行之界，昼无恍惚之心，夜无恶觉之梦。所将上来圣境，原是皇帝圣德圣感，伏愿皇帝万岁，太后千秋，宰官常居禄位，万民乐业，海长清，永绝狼烟，五谷熟成，法轮常转。又愿九有四生，蠢动含灵，过去、现在、未来父母师长等，普皆早离幽冥，生于兜率天宫，面奉慈尊足下受记。然愿惠聪等七人及供衣粮行婆真顺小名安和尚，婢行婆真善小名张怀，婢行婆张听小名朱善子，并四方施主普皆命终于后，心不颠倒，免离地狱，速转生于中国，值遇明师善友，耳闻好法，悟解大乘，聪明智惠者。况温顺集习之记，然有□□之理，韵智不逮，后人切令作责千万，遐迩缘人莫……

国庆五年岁次癸丑十二月十七日题记

经幡 敦煌莫高窟藏经洞出土

国庆是西夏惠宗的年号，国庆五年即 1073 年，此时瓜州西平监军司刚设立不久，西夏对瓜州已经实现了有效管理。赐衣制度是古代朝廷给予僧人的一种褒奖，属于僧人至高无上的荣誉。西夏僧官赐衣制度沿袭唐代旧制，用衣服的颜色表示职位的高低。唐代三品以上赐紫、五品以上赐绯，所以惠聪应该是西夏的高级僧官，他在榆林窟居住长达四十天，足见他对榆林窟的喜爱。"山谷内霄水常流，树木稠林，白日圣香烟起，夜后明灯出现"，可见榆林窟环境之幽静，香火之旺盛。这样的环境，堪称僧人修行的"圣境"，所以高僧惠聪也盛赞榆林窟"本是修行之界，昼无恍惚之心，夜无恶觉之梦。"

如今，距离惠聪礼拜弥勒大佛已过去近千年，榆林窟、深谷、清溪、稠林的环境如故。隐匿在戈壁深处的石窟，似乎被时光按下了暂停键，万佛峡里，依旧能够安顿世人的恍惚之心。

# 汉藏两民族的乌托邦

## 第 25 窟

> 榆林窟第 25 窟是吐蕃艺术与中原艺术的一次对话，整个洞窟在传承唐代前期壁画艺术的同时，用青藏高原传来的吐蕃艺术和密教题材重构洞窟，成为敦煌石窟历史上的创举。

安史之乱后，丝绸之路断绝，瓜州再难获得多元文化的滋养，敦煌石窟艺术逐渐僵化。吐蕃占领瓜州之后，敦煌石窟作为西北佛教圣地，备受同样信仰佛教的吐蕃人关注，吐蕃艺术沿着唐蕃古道传入河西走廊。吐蕃艺术为中唐时期的敦煌石窟艺术输入了新的血液，对敦煌石窟的空间布局、艺术风格、绘画内容、信仰主题等方面都进行了重构，使敦煌石窟艺术的内容更加丰富。吐蕃统治瓜州期间，在莫高窟开凿了 55 个洞窟，在榆林窟仅开凿了 2 个洞窟，其中最具代表性的就是享有"敦煌石窟艺术之冠"的榆林窟第 25 窟。第 25 窟是典型的覆斗顶殿堂式洞窟，前室窟顶坍塌十分严重，壁画残缺不全，除了东壁保存的两身唐代天王像之外，其余均为五代时期补绘。第 25 窟中唐壁画主要在主室，敦煌传统的壁画艺术与吐蕃艺术在这里汇聚一堂，缔造了敦煌壁画艺术的巅峰。另外，主室的中心佛坛上，还保存有一尊唐代的释迦牟尼佛塑像，虽经清道光年间重修，但仍不失蔚然唐风。

## 八大菩萨曼荼罗

洞窟主室正壁（东壁）两侧绘药师佛和地藏菩萨的立像，中间绘八大菩萨曼荼罗，主尊原是卢舍那佛，但粗心的写手在书写榜题时写成了"卢那舍佛"。画面以卢舍那佛为中心，两侧原本各有四尊菩萨，现仅存北侧的地藏菩萨、虚空藏菩萨、文殊菩萨和弥勒菩萨。南侧的观世音、金刚手、普贤和除盖障等四身菩萨今已不存。众菩萨均坐于莲花座上，头部有独具特色的椭圆形头光，头束高髻，戴宝冠，卷发披在两肩，菩萨的人体比例十分匀称，肩宽腰细，与本窟其他经变画中的人物形象完全不同。菩萨或袒裸上身，或斜披天衣，尤其弥勒菩萨的天衣，是一整张藏羚羊皮，独具吐蕃特色，腿部穿着紧身透体的印花长裤，呈现出神秘的雪域风情。整幅壁画用遒劲流利的铁线描刻画，造型严谨，描绘细腻，色调柔和，具有典型的印度波罗王朝的绘画风格特征。更加独具特色的是，这幅壁画里的榜题框与敦煌石窟中常见的竖条榜题框有很大区别，呈"T"形。经专家考证，这其实是由一横一竖两个不同的榜题框组成的，其中，横条的榜题框用来书写藏文题记，竖条的榜题框用来书写汉文题记。这种复合型榜题框是充

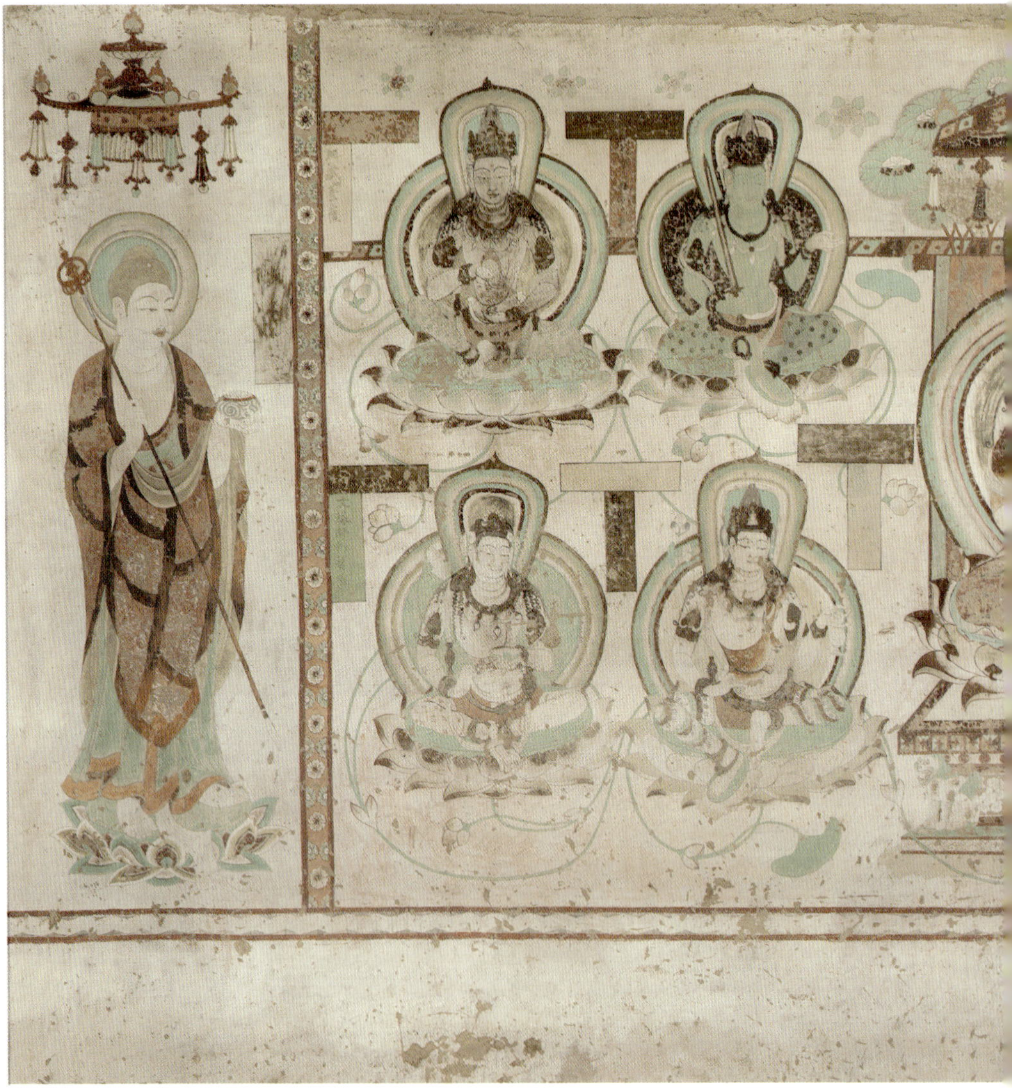

第25窟主室东壁* 八大菩萨曼荼罗 中唐 席文博复原

*此壁南侧壁画已毁，今利用北侧壁画原图及罗寄梅先生于1943年所摄的老照片进行了拼合，并在地藏菩萨立像上半身残毁处使用线描技法进行了复原，所以今天我们才有幸得见这铺壁画的完整样貌。

分考虑到当时瓜州地区汉藏两民族的不同文化背景和信仰需求而设计的，是两族人民友好相处的有力见证。

## 观无量寿经变

观无量寿经变根据《观无量寿经》绘制，整个画面采用三段式构图，中央主要是以无量寿佛讲经说法的盛大法会场景和雄伟壮丽的亭台楼阁来表现西方极乐世界，在两侧则分别以条幅的形式画出十六观和未生怨。

中央画面：无量寿佛结跏趺坐于莲花座上，观音菩萨和大势至菩萨分列两侧，其他圣众以众星拱月之势围坐在无量寿佛的身侧正聆听佛法。有趣的是，须弥座两侧八位听法菩萨的姿态各不相同，有的正举着莲花供养佛陀，有的端详着手中的莲花苞正在出神，有的正相互交谈听法的心得，有的菩萨仿佛陷入了沉思……生动地表现了不同菩萨听佛讲经时的不同状态。

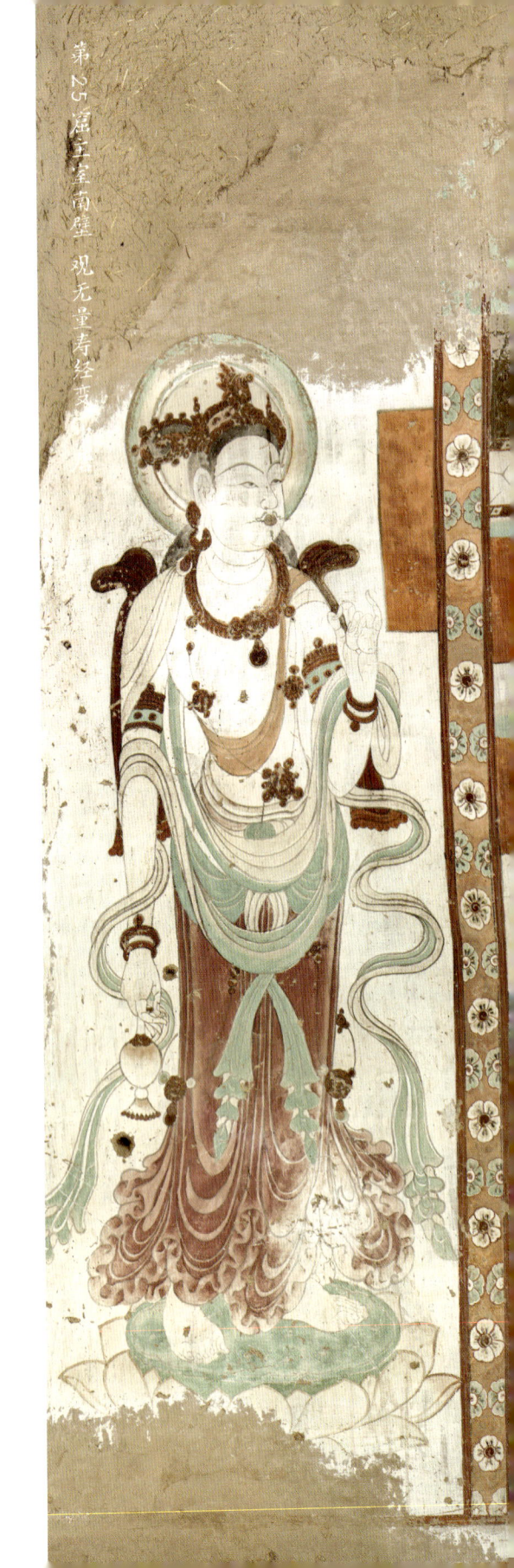

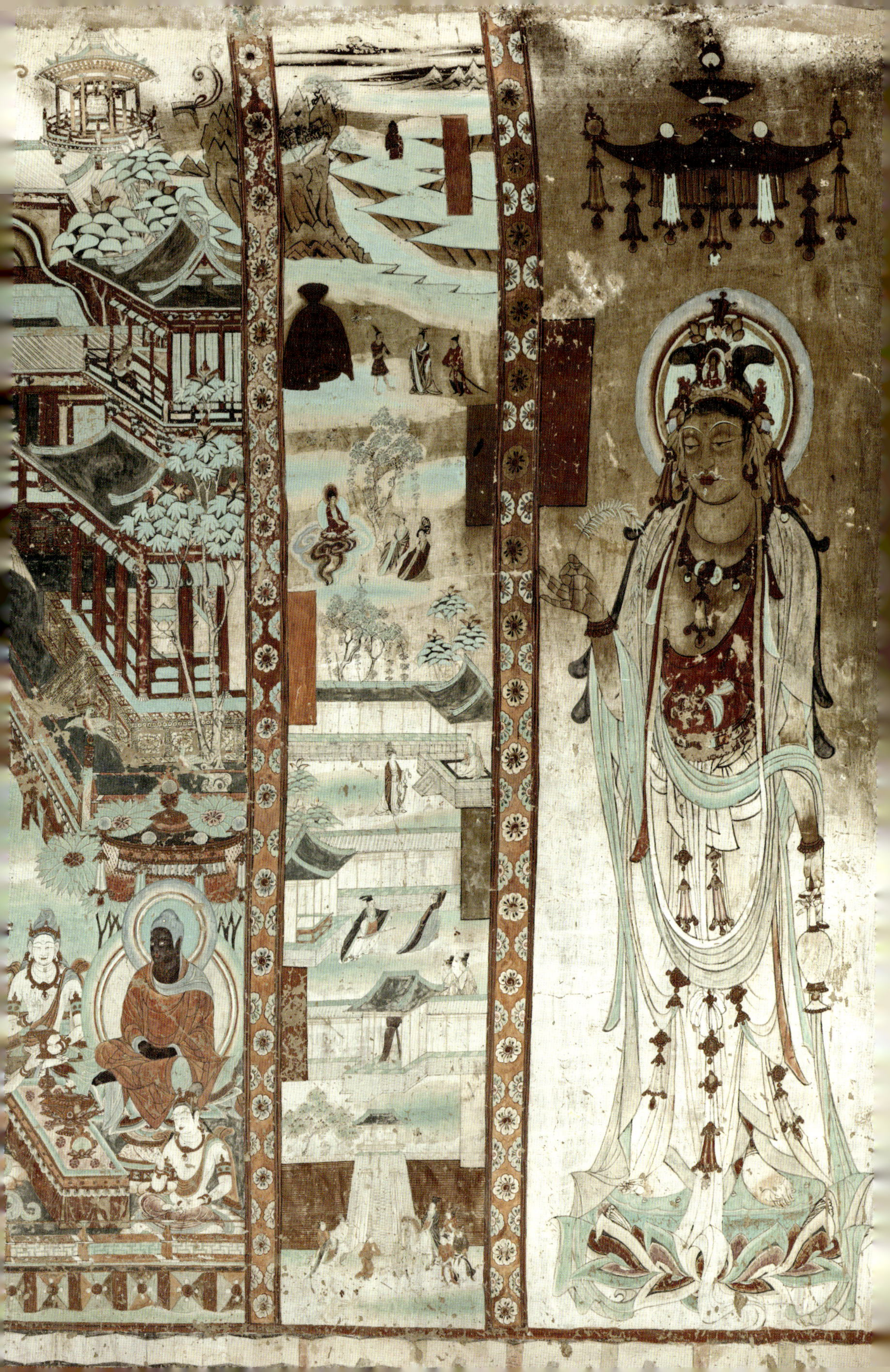

观音菩萨及其他听法菩萨

听法菩萨

观无量寿经变中出现的小白鼠

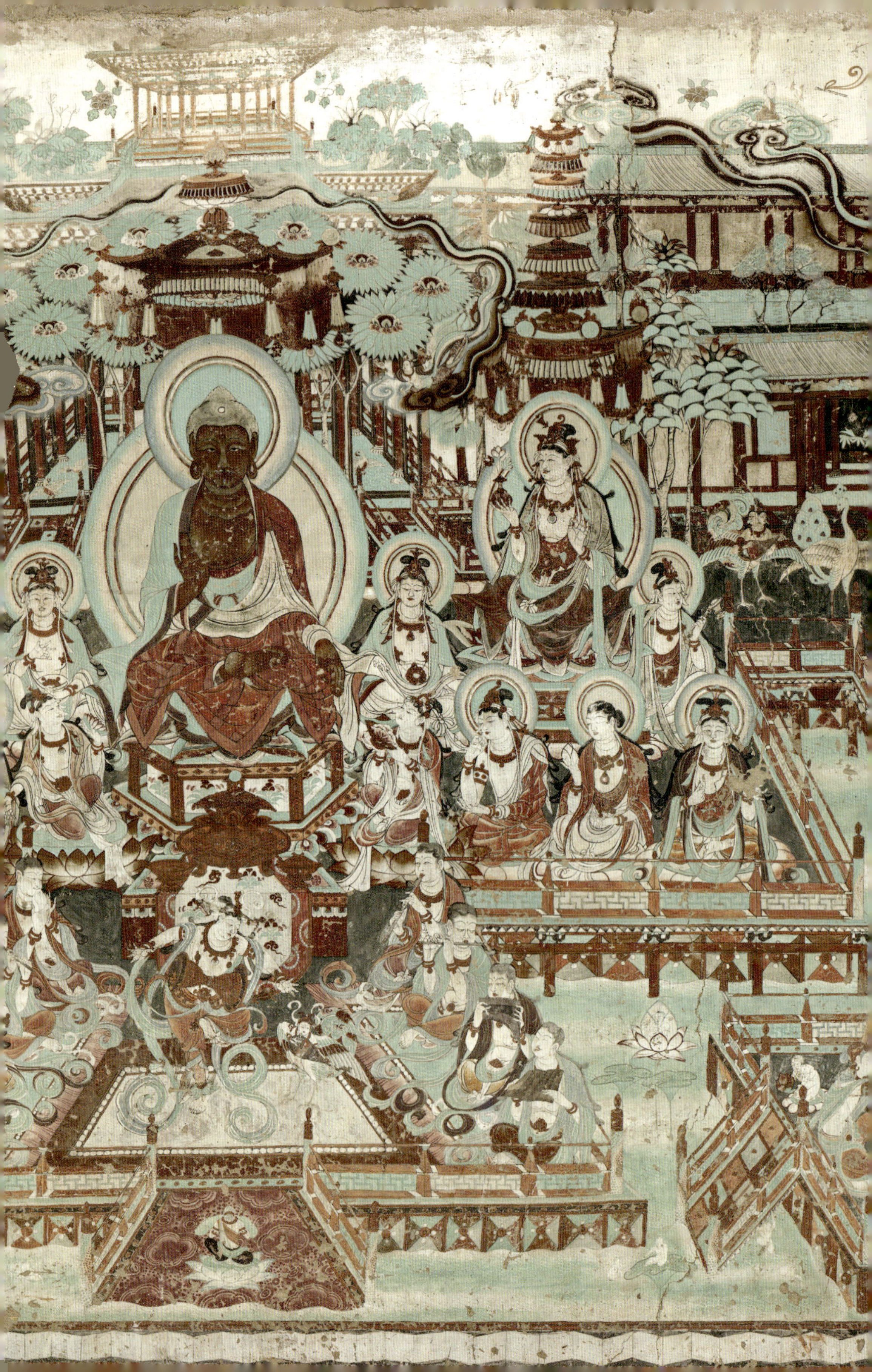

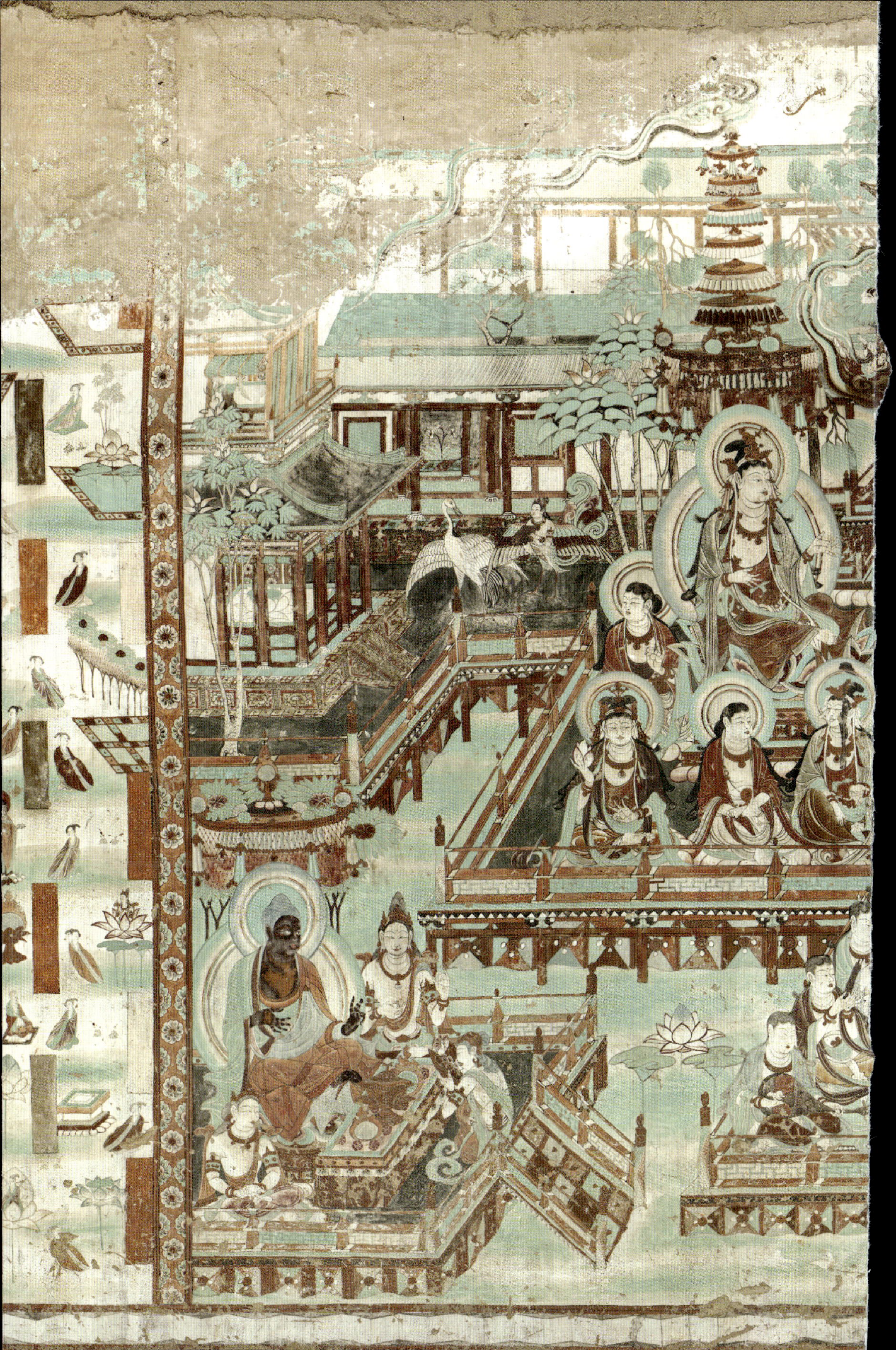

大势至菩萨及其他听法菩萨

神态各异的听法菩萨

第 25 窟主室南壁 观无量寿经变 阁楼中的倚坐菩萨 中唐

  人物四周的宫殿楼阁和亭台水榭共同组成说法图的主体空间。东侧的阁楼上，一位菩萨正在卷起竹帘。右侧阁楼上的菩萨正倚坐在栏杆上，像一位对庭院之外的事物充满好奇的闺中少女，正欣赏着远处的美景和期待着未来，颇具李白"沉香亭北倚阑干"的美好意境，也给描绘佛国世界美好的整铺经变画增加了一丝生活气息，更富意趣。庭院上部的天空中，诸佛和菩萨乘祥云来会，琵琶、尺八、腰鼓等乐器，不鼓自鸣，仙乐飘飘。

  最令人惊艳的是说法图中的乐舞图，完整再现了唐代乐队。平台的两

第25窟主室南壁 观无量寿经变 乐舞图 中唐

侧各有4身乐师，手中的乐器各不相同，有拍板、排箫、横笛、尺八、琵琶、笙、筚篥、法螺等。在这幅壁画中，8位乐师的眼光、身体以及他们飘带的线条全部朝着中间进行聚拢，而视线的中心就是正在起舞的伎乐天。伎乐天头部略小，肩部迅速扩大，然后是浑圆的背部，腰的部分收缩，臀部再一次扩大，到了腿部达到一种渐缩的状态。他胖嘟嘟的手指全部撑开，将要拍打腰间的细腰鼓。整个身形扭腰送胯，向右倾斜，活像个小陀螺，再搭配上如波浪般的绿色飘带，十分形象地表现出了西域舞蹈迅捷的特点。

莲花化生童子

水中嬉戏的莲花化生童子

正是因为他夸而有节的舞姿和丰腴的体态,人们亲切地称他为"胖端倪"。胖端倪站在舞台的正中央,眼神向下,正注视着左手边的迦陵频伽。迦陵频伽它是人面鸟身的神鸟,也是佛国世界的音乐家,故又名"妙音鸟",画面中的它正在弹奏着琵琶,似在为胖端倪伴奏。迦陵频伽则是目光向下盯着在水中嬉戏的莲花化生童子。

七宝池中莲花化生童子的出现,完全打破了佛教世界的庄严肃穆之感,

为整个画面增添了一番趣味性。画面中的小童子或坐在莲叶上玩耍，或一头扎进水中，或调皮地追赶着水中的小鸭子，或坐在莲花中双手合十，整个画面好不热闹。更有趣的是，在这幅壁画中还出现了一只小白鼠，因为这种动物并不在《观无量寿经》的记载之中，所以这可是观无量寿经变里的"稀客"。正是因为这只小白鼠，引发了人们无限的遐想，有人说它是《西游记》中托塔天王的义女金鼻白毛老鼠精，也有人说这是画师为了表现极乐世界而随意图画的，还有人说它的出现是画师为了暗示这幅壁画创作于鼠年。历史的真相在吐蕃退出河西走廊的同时，也被带进了茫茫雪域，如今的小白鼠变成了敦煌学留在壁画中的大问号，不断启发着后来人的想象。

　　在经变画的两旁，画师以条幅的形式分别绘制了《观无量寿经》的重要组成部分：未生怨和十六观。未生怨是指还没有出生就结下了仇怨，是佛教因果论的体现。故事讲：古印度摩揭陀国的国王频婆裟罗，年迈无子，因担心没有王位继承人而整日苦恼，于是便请来相师占卜。相师告

未生怨

诉他，遥远的山中有一位修行之人，等他死后就会投胎至王后腹中。国王盼子心切，为了让王子能够早日出生，就派人断绝了修行之人的水粮之路，使其活活饿死。然而，因机缘未到，修行之人投胎成一只兔子，国王得知后又派人杀死了兔子。兔子死后不久，王后果然怀孕，不久便生下了王子，取名阿阇世。阿阇世王子长大后，受到提婆达多的教唆，发动政变将国王囚禁起来，想要活活饿死他。王后韦提希夫人知道后，悲痛欲绝，偷偷去探望国王，并在璎珞里灌满葡萄浆，身上裹满酥蜜给频婆娑罗王吃。21天后，阿阇世王子得知国王依然存活，并且知道是母亲违背了自己的命令。阿阇世王子勃然大怒，提着宝剑冲进宫中，想要亲手杀死自己的母亲，月光和耆婆两位大臣苦苦相劝，王子便把王后也幽禁了起来。韦提希夫人悲痛欲绝，诚心念佛，并向佛陀询问自己为何会遭遇如此恶报。佛陀听闻，便将因果缘由说与韦提希夫人听，并为其讲述十六观。王后听完后便修此十六观，往生西方极乐世界。

经变画的右侧是十六观，同样以条幅的形式

十六观

象宝　玉女宝　藏宝　摩尼宝珠

画出观想的内容。具体指：日想观，水想观，地想观，树想观，池想观，总想观，华座观，像想观，佛身观，观观世音菩萨真实色身相，观大势至色身相，普想观，杂想观，上辈生想观，中辈生想观，下辈生想观。这幅壁画并没有完全按照佛经记载的内容绘制，比如新出现了月亮、宝珠、宝瓶和僧人等观想的对象，是对经文内容的再一次突破。

　　整幅观无量寿经变，壁画绘制精美异常，整个画面显得气势磅礴，景物与情节布局和谐紧凑、疏朗有致。人物神情与仪态显得格外丰满富贵。人物衣饰简约明快，人物形态丰腴美艳，颇有张家样之"面短而艳"的神韵。色彩上，多使用红、绿等醒目色彩，使得画面整体感觉富丽堂皇，历经千年，颜色依旧光艳如新，是敦煌壁画中不可多得的杰出作品。

金轮宝　　　　　　　　　　　兵宝　　　　马宝　　　七宝

## 弥勒经变

与观无量寿经变相对的北壁通壁绘制弥勒经变。壁画以弥勒佛在龙华树下的三次法会为主体，形成"品"字形构图。画面的中心表现弥勒初会，弥勒佛倚坐于宝座上，两侧有法华林菩萨和大妙相菩萨，天龙八部和听法菩萨围绕四周。弥勒初会的供案上和供案两侧，陈列着翅头末城国王儴佉王的七宝：供案上中间是摩尼宝珠（珠），左为金轮宝（轮），右有一宝函，即藏宝（藏）；供案右侧有一白象和一女子，即象宝（象）和玉女宝（女）；供案左侧有一匹白马和全副武装的士兵，即马宝（马）和兵宝（兵）。供案之下描绘的就是儴佉王献宝的故事。

儴佉王和大臣们将七宝台供养给了弥勒菩萨，弥勒菩萨接受后又将七宝台施舍给了众婆罗门。众婆罗门接受后，当即就把它拆毁分割。弥勒菩

萨眼看七宝台须臾间发生无常变化而被毁灭，于是在龙华树下证道成佛。弥勒菩萨成佛后，儴佉王就率领王公大臣、王后、太子等八万四千人发愿出家。壁画中生动地表现出了外道拆塔和儴佉王及王公大臣等剃度出家的场景。画师将整个剃度的场面绘制得非常细腻生动。供案下，王公大臣及其眷属们分两侧正接受剃度，两侧的供案上摆放着袈裟和净水瓶等用具。另一侧的画面中非常有生活气息，剃度后的僧尼有的正在洗头，有的僧尼不适应新发式而好奇地摸着自己的光头，有的则正在试穿袈裟，极有趣味地呈现了古人的生活场景，是研究古代世俗生活的重要资料。在弥勒初会的两侧绘制的是弥勒世界的种种美好景象。

第 25 窟主室北壁 弥勒经变 外道拆塔、剃度

剃度　试袈裟　摸头　洗头

迦叶献袈裟：释迦牟尼佛在涅槃前将自己的袈裟交给了迦叶，让他等到弥勒佛降世之后交给弥勒佛。迦叶带着袈裟进入耆阇崛山的石窟中

修行禅定，等待弥勒佛的降世。弥勒成佛后前往耆阇崛山，用双手劈开了此山，从禅定中醒来的迦叶向弥勒献上了袈裟，完成了释迦牟尼佛交给他的传法使命。后来迦叶被认为是禅宗初祖，禅宗"袈裟传法"的习俗也因此而来。画面中迦叶的身体和头部被山形交叉叠压，似与自然合于一体，显示了迦叶的坚守和神通。迦叶献完袈裟后，身上出现了种种神通，画面顶部须弥山两侧的形象就是迦叶的种种神变。有趣的是，这部分山水的绘画完全模仿了榆林窟的外观——迦叶身后的山谷呈犬牙交错之姿，正是对榆林窟所处的冲蚀峡谷的生动再现。

一种七收：在弥勒世界，"雨泽随时，谷稼滋茂，不生草秽，一种七获，用功甚少，所收甚多"。表现弥勒世界人们安居乐业，衣食无忧。画面中有一位头戴斗笠、身穿浅绿色长袍的男子正在犁地，两头健壮的耕牛正拉动着插入土地的木犁前行，

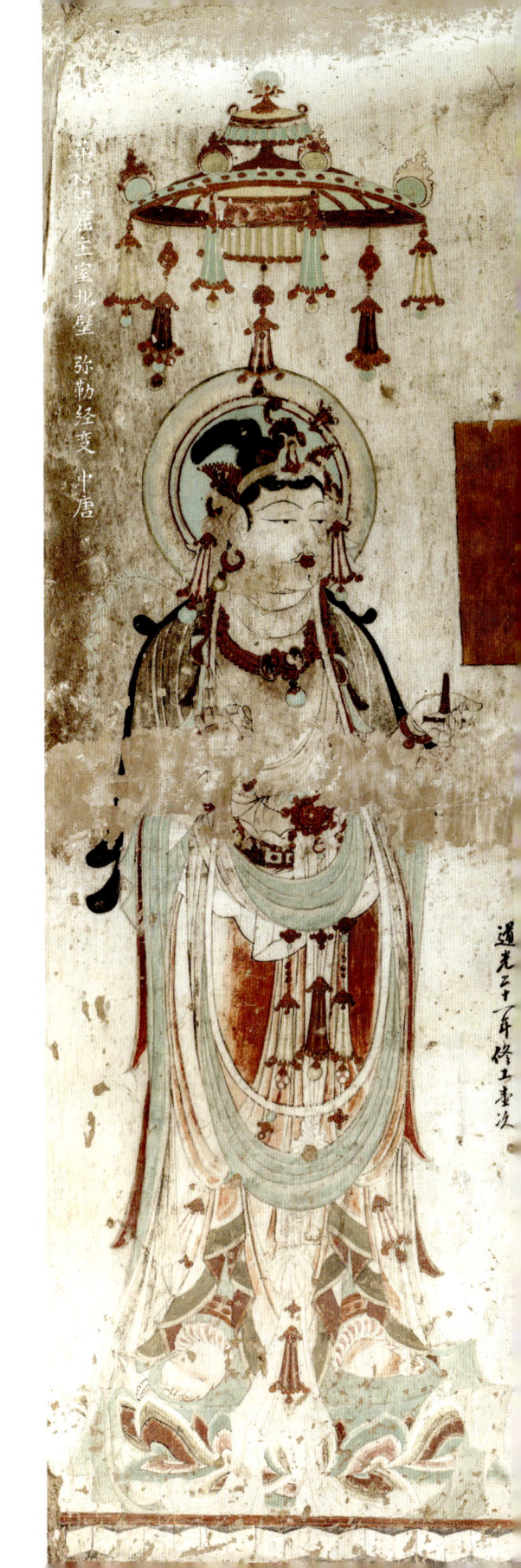

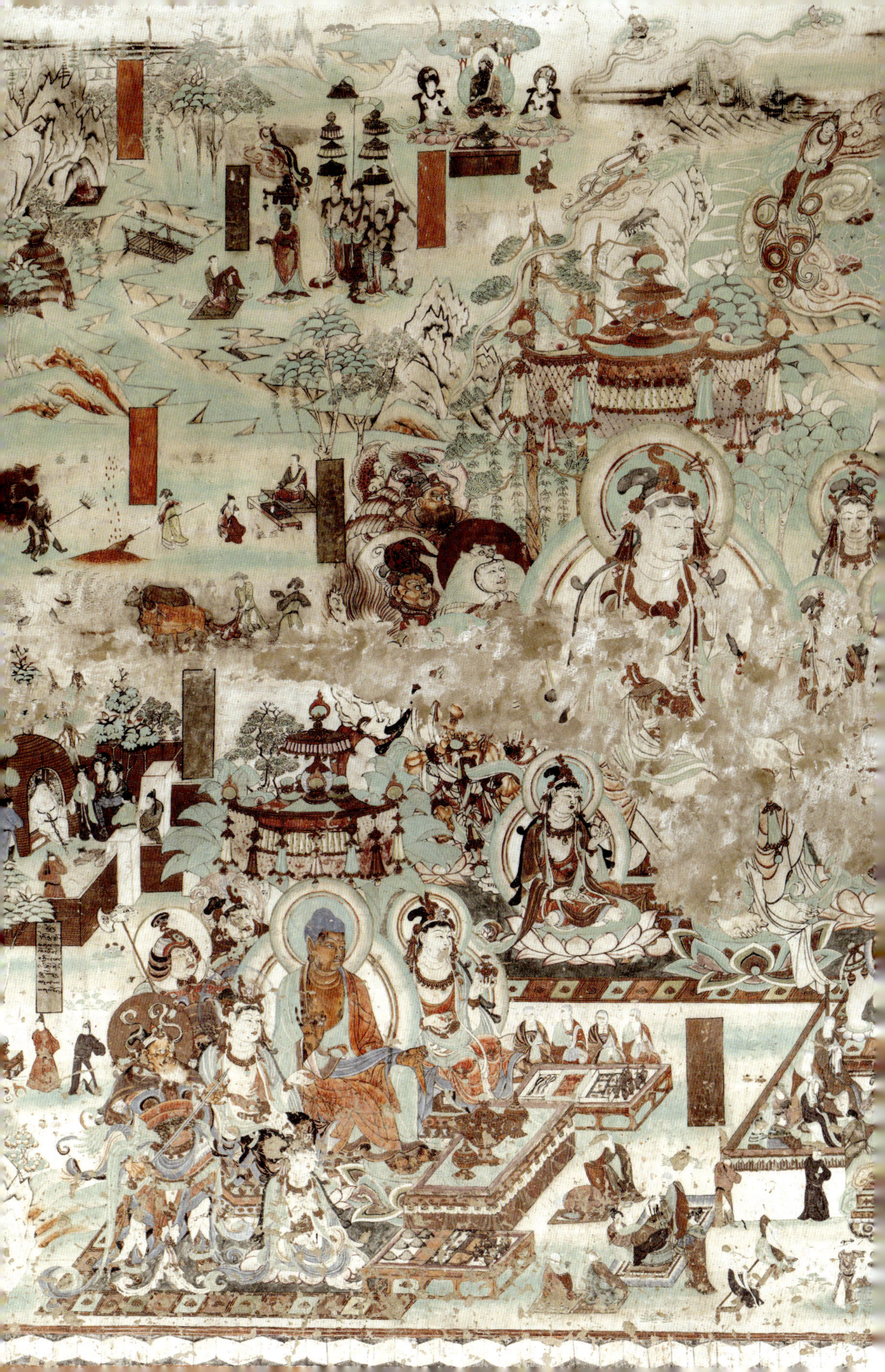

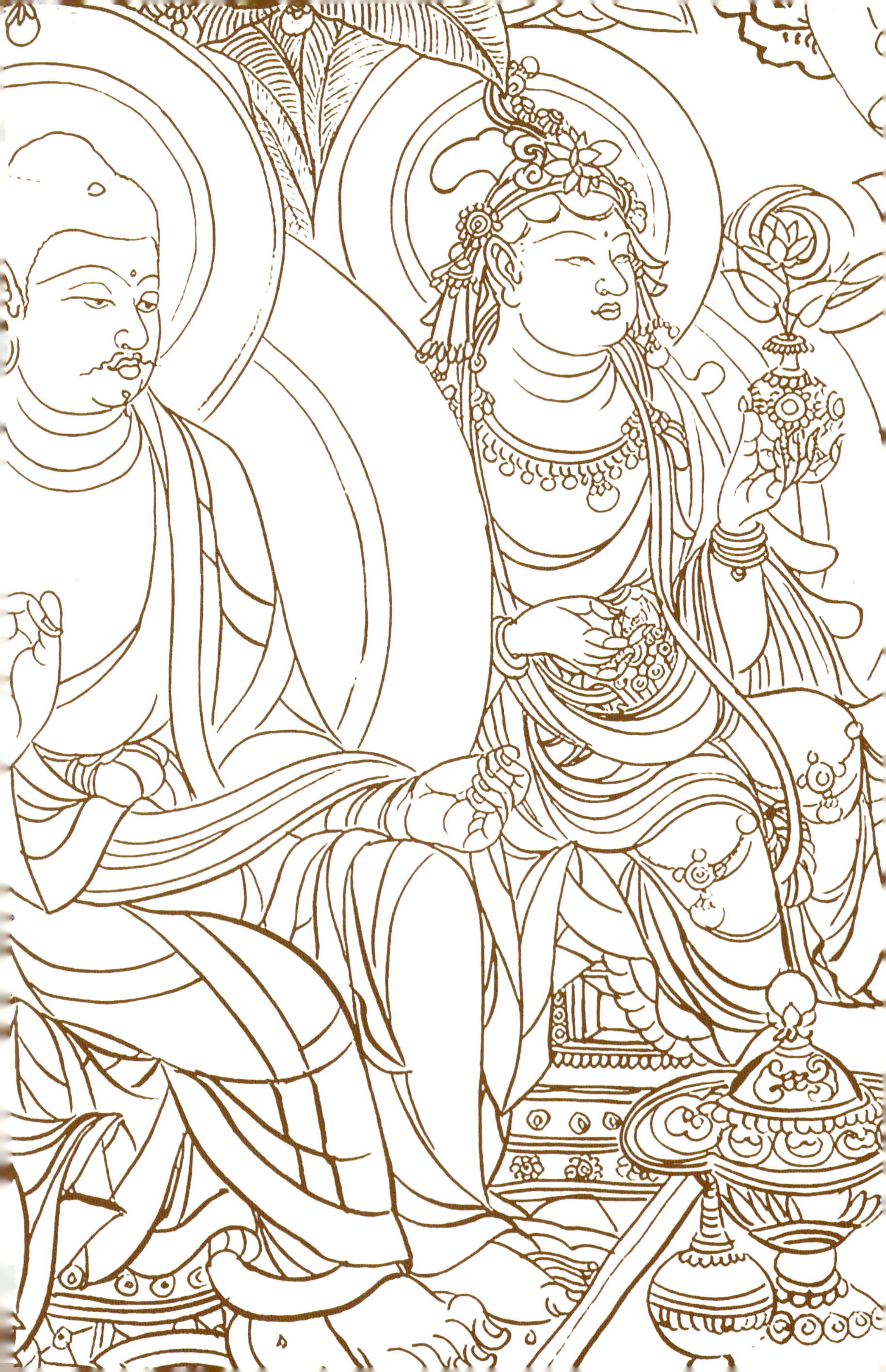

弥勒二会

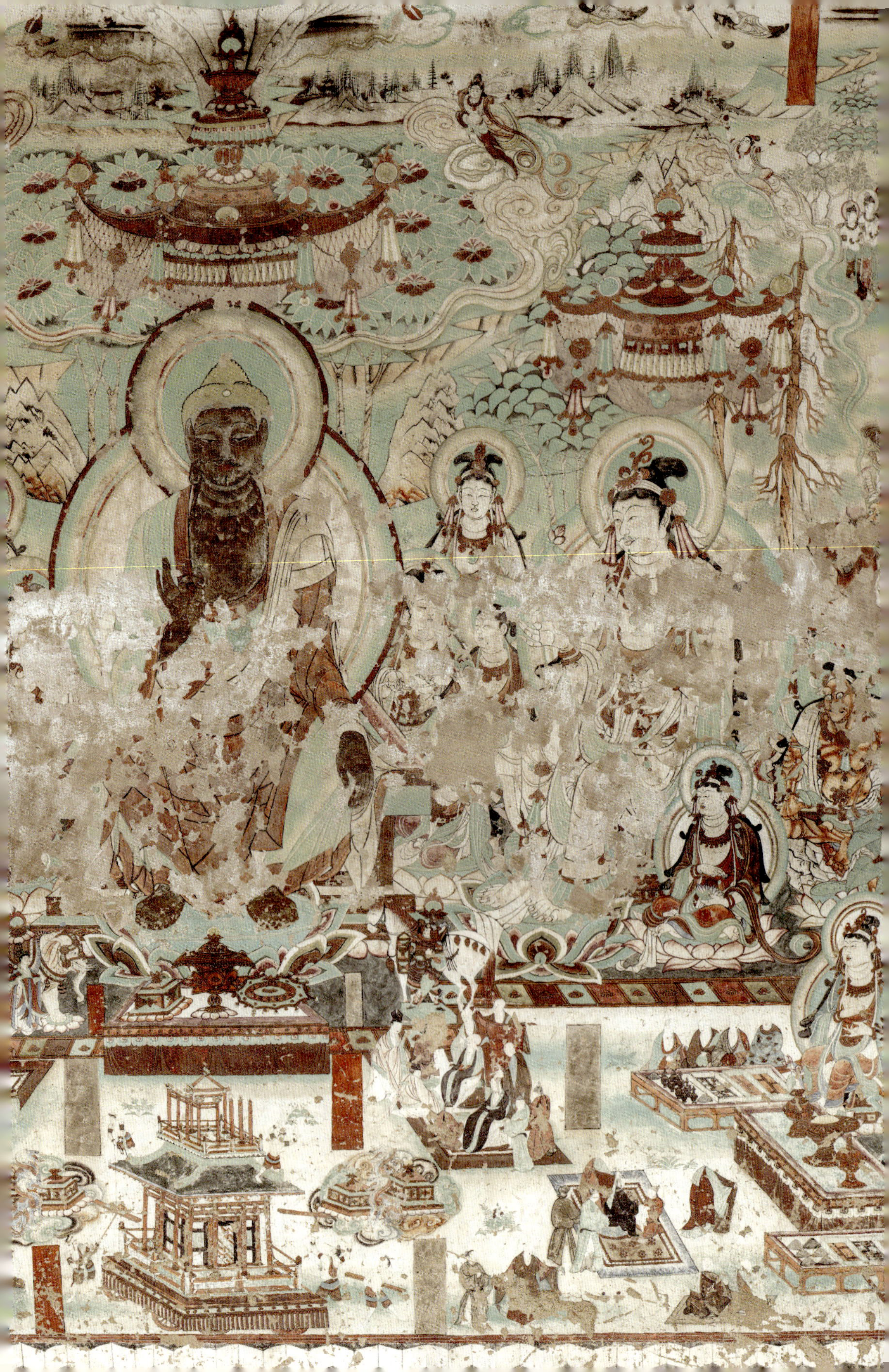

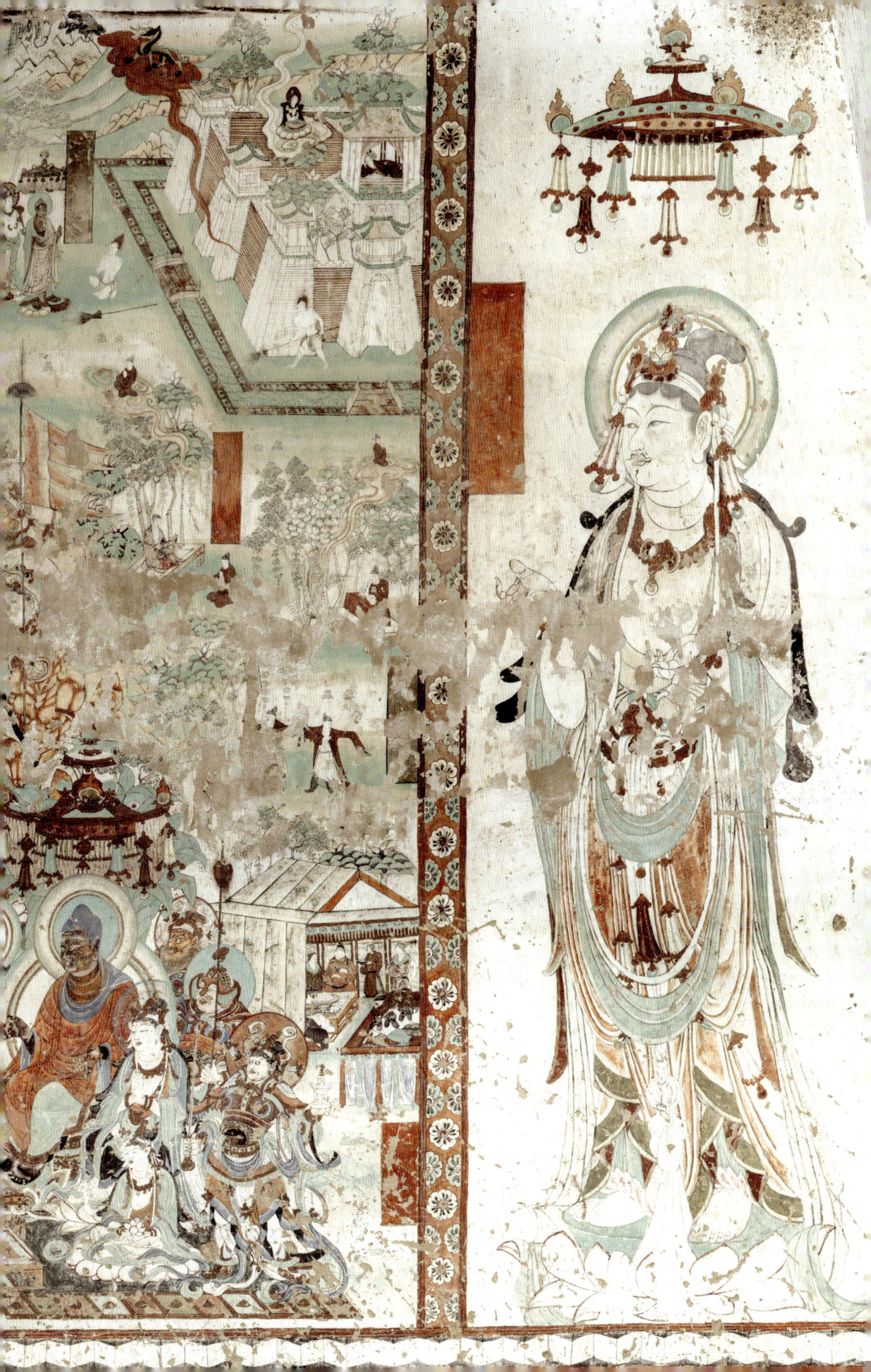

观无量寿佛面部临摹特写

法华林菩萨面部临摹特写

毗沙门天王面部临摹特写

男子身后有一位妇女正往犁过的土地里播撒种子。牛耕图前面穿着白袍的男子正在熟练地用镰刀收割庄稼。上方成捆的麦草旁，一男子手持木杈正在借用风力扬场，一妇女正在用扫把扫除麦堆上细碎的麦草。整幅画面生动地再现了中唐时期的农业生活场景，包括耕地、播种、收割、扬场等，尤其是扬场的细节，谷粒下落时倾斜的程度巧妙地将无形的风表现了出来。这是敦煌石窟中表现农业生产的代表之作，是今天研究当时农业生产的重要图像资料。

老人入墓：佛经中记载，弥勒世界人人可以活到八万四千岁。临命终时，人会自行去往坟墓，念佛安乐而死。壁画上的墓园里，一位身穿白色长衫的老人坐在墓室里，右手拄拐杖，左手拉着老妇人的手，似正在话别，老妇人悲痛欲绝。这位夫人身后还站着两位妇女，穿着华丽的襦裙，浓妆艳抹，与哀痛不已的老妇人形成鲜明的对比，她们雍容的姿态是唐代仕女的经典写照。老人的正前方匍匐着一个童子，正在跪别，童子左侧一位男子正掩面哭泣。墓园的入口处站着一位女仆人和一位穿灰色长衫的老者，他看着老友入墓，年迈的自己也将面临同样的境遇，他或许不安，或许忧伤，却并不示人。他站在离老人最远的位置，老人正抬头望着他，给以安慰柔和的微笑。画师刻意在白衣老人的嘴唇点涂了一抹红色，这一抹红具有庞大的生命力，预示着弥勒世界的死亡不是生命的结束，而是前往更好的世界。整个画面以老人为中心，男女老少都有，表现出不同人对生命的不同理解，富有意趣。

第 25 窟主室北壁 弥勒经变 迦叶献袈裟、一种七收 中唐

第25窟主室北壁 弥勒经变 老人入墓 中唐

第 25 窟主室北壁 弥勒经变 路不拾遗 中唐

路不拾遗：弥勒世界人民安居乐业，社会安定，人们视宝物如瓦石、草木、土块，无半点贪心。画面中华丽的宝函和众多宝物丢弃在路边，两个行人路过时，只是不屑地回头一瞥，便继续向前走去。

弥勒观父母：画面中有一座城池，城墙上有一道道红色的线条，这如实地表现出了西北城墙分土版筑的特点，或许就是当时瓜州城的写照。城

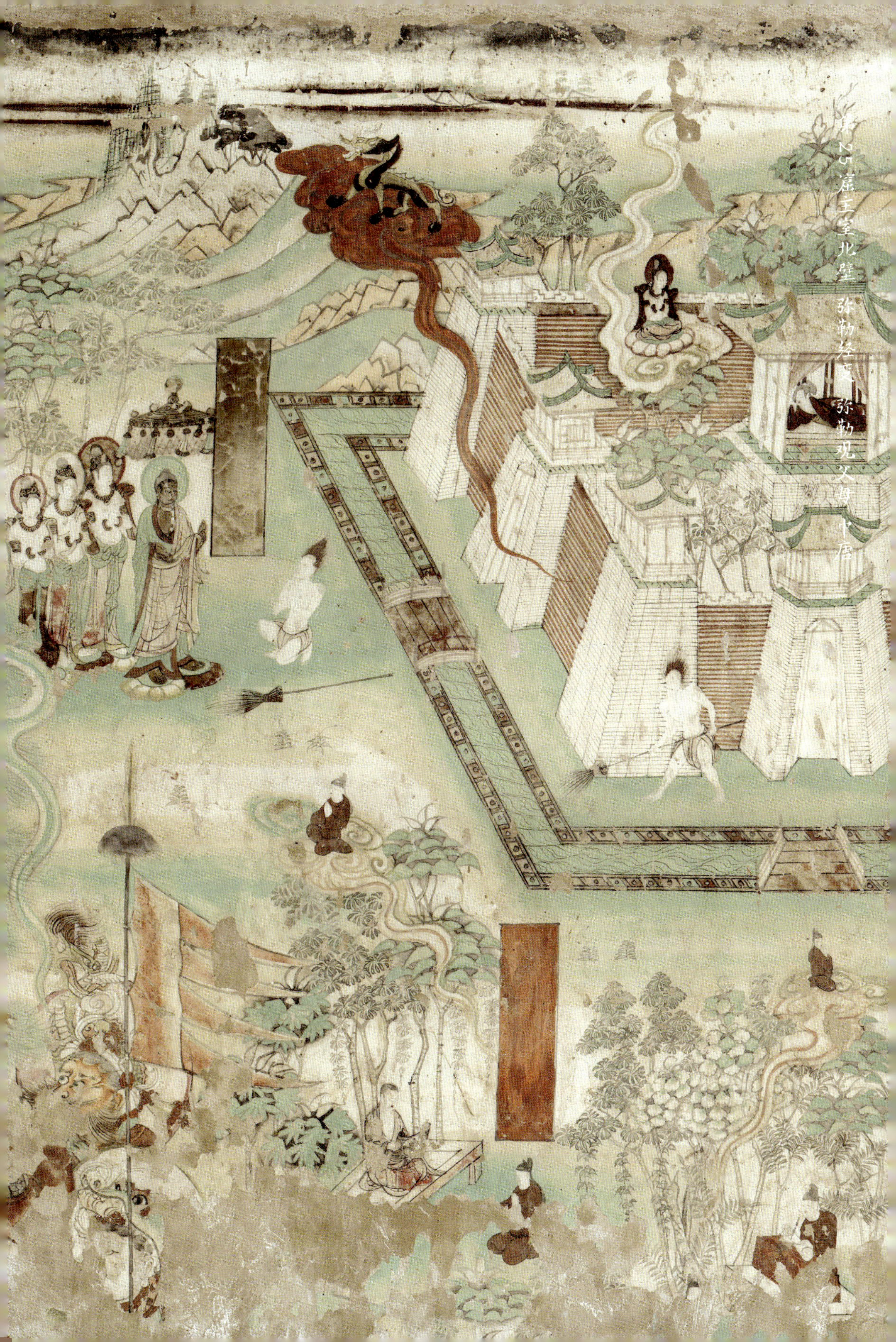

第25窟主室北壁 弥勒经变 弥勒观父母 中唐

第25窟主室北壁 弥勒经变 树上生衣 中唐

内的一座六角形楼阁里有一位正在休息的妇女，一身菩萨乘祥云徐徐飞来，表示弥勒菩萨降生的情节。城外是弥勒佛三会说法结束后，弥勒佛带着众菩萨来到故乡翅头末城，看望父母的场景。龙王多罗尸弃见弥勒佛前来，正乘云飞升于空中，"降微细雨，用淹尘土"。大夜叉神正在清扫道路，见弥勒佛到来，急忙双手合十拜谒。

第25窟 南壁 弥勒经变 嫁娶 中唐

树上生衣：在树林中，有很多漂亮华贵的衣服挂在树上，两位路人正在试穿取用。

嫁娶图：在弥勒世界，女子五百岁出嫁。画面中身着吐蕃服饰的新郎正跪拜长辈。画面的右下角，有三位穿着汉人服饰的女子，她们衣着光鲜靓丽，头上装饰着高高的发髻，并排站立在地毯上。中间身披绿色披帛，头戴金冠的就是新娘，她两旁的两位女子应该就是陪伴她出嫁的侍女或伴娘。新郎的旁边站着一位同样穿吐蕃服饰的男子，这应该就是伴郎了。地毯的前方是一张桌子，长辈们正围坐在桌子两旁注视着两位新人。新娘的父亲身着红色的袍服，正端着茶杯饮茶，左手边一位奴仆正端来食物。新娘父亲的对面是新娘的母亲，穿着精美的汉装，只露出半个身子。新娘父亲的身旁是新郎的父亲，他正注视着自己的儿子。

这幅壁画真实地反映了当时的婚嫁习俗。自北朝开始，古代的婚礼是在室外举行的，在婚礼现场，一般搭设"青庐"，也就是壁画中出现的帐篷，以方便更多的人围观和参与。直到现在，瓜州当地农村的婚礼还是采用搭帐篷的形式。另外，在这场婚礼中，男女双方行礼竟然是不一样的，吐蕃新郎跪在地上叩拜，但汉族的新娘却是站在一旁礼拜的姿势。这种男跪女揖行礼方式在敦煌壁画中也属特例，人们猜测这与武则天有关，自她当上皇帝之后，唐代社会女性的地位空前提高，全社会有了尊重女性的风气，因而在婚礼中也出现了这样的习俗。整幅弥勒经变以龙华三会为主，还描绘了弥勒世界的种种美好景象，是古人对未来的美好想象，其中也表现出浓浓的生活气息，是我们了解唐代世俗生活十分重要的资料。

## "光化三年"题记

洞窟前室东壁南方增长天王的旁侧有一则"光化三年十二月廿二日，悬泉长史耷乞达、宁囗柱、耷萨女磨，都知兵马使冯钵略，兵马使王佛奴，游奕使聋钵罗赞，兵马使杨佛奴，随从唐镇使巡此圣迹，因为后记"的汉文题记。光化三年即900年，此时距离唐朝灭亡仅剩七年，是张氏归义军统治瓜州的晚期，日本学者松本荣一认为这才是第25窟的修建年代。此说有误，很显然，这是归义军悬泉镇的唐镇使，带领着众将领来榆林窟团建时留下的"到此一游"，并不是开窟题记。据学者们的研究，悬泉镇就是今天瓜州县的破城子，距榆林窟仅30公里左右，由此可见当时的瓜州诸城镇与榆林窟之间的互动。归义军政权的统治者对佛教十分推崇，所以在敦煌石窟中开凿了大量的洞窟。到公元900年，游人已经可以随意在榆林窟的壁画上写字了，表明此时内忧外患的张氏归义军已经无暇顾及榆林窟，榆林窟的营建进入了低潮。后来，曹氏代替张氏成为归义军政权的统治者，第25窟主室壁画的底部也出现了曹氏重修的供养人像，榆林窟在此时焕发出新的生机。

榆林窟第25窟是吐蕃艺术与中原艺术的一次对话，整个洞窟在传承唐代前期壁画艺术的同时，用青藏高原传来的吐蕃艺术和密教题材重构洞

破城子

窟，成为敦煌石窟历史上的创举。"河海不择细流，故能就其深"。第25窟的内容之所以如此丰富，是汉藏两民族在彼此包容的同时，在艺术上也能兼收并蓄、博采众长，将吐蕃文化和敦煌文化融合在一窟之内。虔诚的画师，用丹青妙笔，粉饰了一个姹紫嫣红的永生世界，也为后人留下一个触摸历史的窗口，在柔润优美的琵琶声中，让吐蕃和唐王朝的一个个瞬间成为永恒。

# 曹家与回鹘
## 第 16 窟

> 在敦煌石窟现存的众多曹家窟中，与曹议金供养人像相对而立的通常既不是巨鹿索氏，也不是广平宋氏，而是回鹘公主，由此可以看出当时回鹘在曹氏归义军政权内部的强大影响力。

848 年，张议潮召集敦煌当地的大家族发动起义，推翻了吐蕃人的统治，瓜沙二州在陷蕃 60 余年后重新成为唐王朝的领土。到了 861 年，张议潮收复了唐朝西部边境的 11 个州，实现了重大的军事胜利。唐宣宗为了表彰张议潮的巨大战功，特赐"归义军"军号，并任张议潮为归义军节度使。可惜后来因为唐朝政府的分权和张议潮子孙们的争权夺利，周边更是被回鹘和吐蕃等势力包围，归义军的势力从原来的十一州退回到瓜沙二州。907 年，唐朝灭亡，天下纷乱，归义军节度使张承奉在三年后趁机建立西汉金山国，自称"金山白衣天子"，都敦煌。914 年，曹议金取代张承奉，恢复了归义军的称号。榆林窟第 16 窟就是曹议金的功德窟。

## 曹议金

敦煌的历史自汉代以来主要就是由大家族书写的。曹氏本在敦煌的大家族中排不上名号，曹议金的机遇来自张氏家族内部的仇杀。张氏是归义军政权的统治家族，但由于张议潮的后代子孙之间争权夺利，爆发了血腥的家族惨案，导致张、李、索氏等家族相继衰落。到了张承奉统治时期，张氏家族已是落日黄昏，这就给逐渐强大的曹氏提供了机会。曹氏之所以能在众多敦煌当地的大家族中脱颖而出，是因为其吸取了张承奉失败的经验教训，采取了一系列有效的措施努力改善与周边各民族之间的关系，其中最重要的一项就是政治联姻。曹氏家族不仅与敦煌的十几个大家族都有姻亲关系，还与敦煌及其周边的其他民族和政权进行政治联姻，从而实现了归义军内部的团结统一和与外部势力的密切联系，有效地解决了张氏归义军政权晚期面临的内忧外患局面，续写了归义军传奇。关于曹氏家族的来源，著名敦煌学家荣新江先生认为曹氏应该是善于经商的粟特人后裔，粟特人常常使用的姓氏是康、安、曹、石、米、何、史等，即著名的昭武九姓。敦煌作为丝绸之路的枢纽，成为粟特人最常驻的地方，经过隋唐300年的汉化，到曹议金时期，曹家已经成为本土大姓。第16窟后甬道南壁绘曹议金供养人像，在曹议金前方的绿色榜题框内写道："敕归义军节度使检校太师兼托西大王谯郡开国公曹议金一心供养。"从题记内容可知，曹议金的祖籍在谯郡，谯郡在今天的安徽省亳州市，三国时期曹魏的奠基者曹操就出自这里。因为曹丕及其后代当过皇帝的缘故，谯郡曹氏在当时

第16窟后甬道南壁 曹议金供养人像 五代

的曹姓排名中名列第一，曹议金深知要在敦煌的世家大族里有一席之地，谯郡曹氏的威名绝对不输其他敦煌大姓的祖先，于是便自称是谯郡曹氏的后裔。

## 回鹘公主

曹议金供养人像正对的是一位身着华丽衣饰的贵妇，从其旁的榜题可知她就是曹议金迎娶的回鹘公主。回鹘公主头戴回鹘特有的桃形凤冠，两边装饰着金步摇，身穿绯色左衽交领窄袖长袍，呈现出民族特色。面部妆容仿照汉妆，有黛眉和贴花妆；脖颈上垂饰了和田美玉，表现出曹家与于阗之间的密切交流；长袍袖口和交领上都饰有凤纹，表现了回鹘圣天公主尊贵的身份。回鹘公主的身后，跟随着三位侍女，其中的两位穿着汉装，各拿着团扇和长琴；另一位侍女头梳高髻，身着饰有团花纹样的回鹘装，应该是回鹘公主的贴身侍女。曹议金的第一位夫人是巨鹿索氏，第二位夫人是广平宋氏，这两位都出自敦煌大家族，反映了曹议金为登上归义军统治者的地位而做出的政治努力。曹议金的第三位夫人就是回鹘公主，回鹘公主在曹家的地位并不一般。在敦煌石窟中，与曹议金供养人像相对而立的通常既不是巨鹿索氏，也不是广平宋氏，而是回鹘公主，由此可以看出当时回鹘在曹氏归义军内部的强大影响力。

回鹘，原称回纥，本属铁勒诸部的一支，其后回纥逐渐成为铁勒诸部的统称。744年，回纥在漠北建立了汗国。一年后，回纥怀仁可汗把突厥

辛巳十月二十八日劉都頭隨軍一過題記

第16窟後甬道北壁回鶻公主供養人像 五代

白眉可汗的头颅献于唐王朝，自此回纥汗国取代后突厥汗国，取得了对漠北草原的统治。安史之乱爆发后，唐王朝军队中的精锐已损失殆尽，名将郭子仪建议向回纥求兵。回纥积极出兵，最终助唐平定了安史之乱。788年，回纥改名为回鹘，取"回旋轻捷如鹘"之义。840年，回鹘被黠戛斯击败，不久灭国，余部散入各地。到了归义军时期，回鹘人主要集中在归义军政权的东西两侧。东部盘踞在张掖的就是与曹家有联姻的甘州回鹘，西夏人占领河西走廊之后，他们隐入祁连山，逐渐演化成今天甘肃省的裕固族。西部回鹘人以高昌（今新疆吐鲁番）为中心，建立了高昌回鹘政权。

来到中原的回鹘人为了立足，与曹氏一样也开始寻找自己的依靠。幸运的是，回鹘可汗曾在唐朝被赐姓"李"，李唐王朝的国姓当然是当时最响亮的招牌，所以回鹘一直吹捧自己是陇西李氏。也正是因为曹氏与回鹘的姻亲关系，曹议金终于可以通过回鹘联系到唐王朝，当然，这时候是五代时期李存勖（xù）建立的后唐。当派遣去后唐的使者回来时，曹议金再次获得"归义军节度使"的称号。

目前的研究认为，西夏虽然在1036年攻占了瓜州，迫使曹氏末代归义军节度使曹贤顺投降，但因为军力有限而无法固守，沙州回鹘很快重新控制了瓜沙二州。自1037年至1052年，沙州回鹘多次向宋朝朝贡，说明了回鹘人占据瓜沙二州的事实。直到1068年，西夏再次攻占瓜沙地区，沙州回鹘政权灭亡，西夏至此统一河西走廊。沙州回鹘控制瓜州仅有32年的历史，瓜州更是回鹘人与西夏对抗的前线，所以这一时期回鹘人并没有时间和精力在榆林窟开凿洞窟。榆林窟现存的回鹘壁画多是在原有洞窟中的修修补补，相对零散，不成系统，唯有第39窟是其中的特例。第39窟是榆林窟开凿最早的洞窟之一，也是目前敦煌石窟唯一一个被回鹘整体重修的洞窟，窟内壁画保存完整，其中出现的巨型罗汉像、儒童本生、凉州瑞像和千手观音等题材，在以往的回鹘窟中极少见到，所以是研究当时回鹘佛教信仰和佛教艺术的重要图像资料。

## 牢度叉斗圣变

第16窟主室东壁通壁绘制牢度叉斗圣变。牢度叉斗圣变出自《贤愚经·须达起精舍品》。故事讲述的是印度舍卫国的国王波斯匿王身边，有一位大臣名叫须达，他家财万贯，乐善好施，常常救助孤寡老人和贫民，人们都尊称他为"给孤独长者"。须达听说王舍城的大臣护弥有一个善良美丽的女儿，就准备了彩礼，前往王舍城为自己的小儿子求婚。在护弥的家里，须达见到了云游到此的释迦牟尼，他聆听了佛法之后，被佛陀的智慧深深折服，就邀请佛陀光临舍卫城，为故乡的百姓说法。然而，佛陀和弟子们在舍卫城并没有可以居住的精舍，须达当即承诺愿为佛陀建造精舍，佛陀便派遣弟子舍利弗随须达回到舍卫城，协助办理这件事。须达看中了祇陀太子的花园，祇陀太子很喜欢这个园子，根本没打算卖，便故意刁难说，除非用黄金铺满整座园子，就把园子卖给须达。须达变卖家产，用象队驮来黄金铺地，可是园内还有些许空地。祇陀太子看到须达如此虔诚，

第 16 窟主室东壁 牢度叉斗圣变（局部） 五代

便把园子奉献出来给佛陀修建精舍，并用园子里的树木供养佛陀，与须达一起建造精舍。六师外道听说后，为了阻止此事，向波斯匿王请求允

金翅鸟斗毒龙

狮牛之斗

牢度叉

金刚力士劈山

六牙白象吸尽池水

斗法场景

慌乱的外道

许他们与佛教徒斗法，谁赢了谁就拥有这座花园，波斯匿王同意了。六师外道众弟子中，有一弟子名叫牢度叉，擅长变幻之术，他与舍利弗展开了激烈的斗法：

牢度叉幻化出一棵参天大树，枝繁叶茂，遮天蔽日；舍利弗便以神力掀起一股狂风，吹倒大树。牢度叉又幻化出一七宝池，池水之中，生长朵朵莲花；舍利弗以神通力变化出一只六牙白象，缓慢走向池边，将池中之水一吸而尽，水池即刻消失不见。牢度叉又化出一座高山，舍利弗便化出一金刚力士，金刚力士用金刚杵瞬间击碎高山。牢度叉紧接着幻化出一条十头巨龙，于虚空中翻云覆雨；舍利弗见状，便变幻出一金翅鸟王，将十头龙擘裂啖之。牢度叉复作一牛，向舍利弗突奔而来；舍利弗化一狮子王，将牛分裂食之。牢度叉又幻作夜叉恶鬼，目赤如血，口目出火，腾跃奔赴，舍利弗目化其身，成为毗沙门天王，夜叉恶鬼惊恐无比，且无处可逃，便跪地屈服。经过几轮斗法，牢度叉节节败退，甘拜下风。其他六师外道也被舍利弗的神通所折服，便皆皈依了佛门。

从画面的整体布局来看，画师把须达到王舍城见到佛陀、须达和舍利弗寻找精舍地址、须达向太子祇陀讨买林园、须达用大象驮金、黄金铺地等情节，以连环画形式画在壁画的下边和左右两侧，而把整个斗法的场景绘在整铺壁画的正中间，从而突出了斗法的主题。这铺牢度叉斗圣变的细节处理十分到位，尤其是对风的表现。风树之斗是牢度叉和舍利弗斗法的第一个环节，舍利弗大获全胜。风作为一种自然现象，无色无形，看不见摸不着，是最难体现的，但画师巧妙地借用了画面中有形的人物和景物在风中的姿态，生动地表现出了狂风大作时的凌乱场景，堪称绝妙。画面中牢度叉一侧的大树正要被狂风连根拔起，鼓架被吹翻，甚至连牢度叉须弥座上的帷帐都快要被狂风掀翻。外道们有拿绳子的、有搭梯子的、有抱着柱子的，帐下的外道魔女双手抱头，衣裙飞卷，四周的外道徒们东奔西窜，简直溃不成军。这种画面的凌乱感即是牢度叉败相已露的最生动体现。再看与牢度叉相对的舍利弗，他稳坐在莲台上，连周边的弟子们都是安然地坐在一旁讨论佛法。在同一画面中，两大阵营通过一动一静的鲜明对比，高下立判，突出了佛教战胜婆罗门教的主题。另外，在舍利弗的莲台周围，还表现了牢度叉斗法失败后，外道师徒正剃度出家，皈依佛门的场面：有的正在剃头，表情痛苦；有的刚剃完头，正用手摸自己的光头；有的拿着净瓶正在洗头；有的正用自己的食指充当牙刷漱口……在紧张激烈的斗法场景之后，画师通过描绘出这些诙谐幽默的情景，进一步增强了经变画的趣味性、生动性和世俗性，让观者流连忘返。明朝文人吴承恩正是因为受到了牢度叉斗圣变这类故事的启发，从而写出了孙悟空大闹天宫时与二郎神斗法的精彩情节。除此之外，师徒四人路过车迟国时，孙悟空用高深的法力战胜了车迟国的虎力、鹿力、羊力三大仙，暗指佛法战胜了其他教派；并且，这一回的题目就是《外道弄强欺正法，心猿显圣灭诸邪》，应该也是受到了牢度叉斗圣变的影响。

　　在敦煌壁画中，牢度叉斗圣变主要集中出现在归义军统治敦煌时期，这与归义军的诞生有密切关系。张议潮起兵推翻了吐蕃对河西地区的统治，为了宣扬归义军起兵的正义性，他们从佛经中找到了牢度叉斗圣变的故事，比喻是正义战胜了邪恶，从而赞颂张议潮率军击败吐蕃统治者，收复河西十一郡，回归大唐的伟大历史功绩。另外，将归义军政权比喻成佛陀的弟子舍利弗，重申了归义军政权是唐王朝的一部分，从而争取唐朝政府的信任和支持，进一步巩固归义军政权。曹议金作为曹氏家族的第一任归义军节度使，在洞窟里绘制牢度叉斗圣变，意在重申归义军的法统来源，为自己执掌归义军节度使之位提供正当性，堪称用心良苦。

# 慕容家族的往事

## 第 12 窟

> 慕容归盈治理瓜州长达 20 余年,是曹氏统治时期唯一的一位异姓刺史,慕容家族是活跃于五代时期瓜沙一带的世家大族和一股重要的社会政治力量。

榆林窟第 12 窟开凿于五代,这一时期工匠们通常把供养人像绘制在甬道左右两侧的壁面上,一般南壁为男性,北壁为女性,自内向外分布。笔者把所有的供养人题记全部抄写下来之后,发现右侧墙壁上的 13 位男性全部都是慕容氏。笔者从小就是金庸迷,看到"慕容"两个字,不禁想到《天龙八部》中那个与乔峰齐名的慕容复。一个是壁画上五代时期的供养人,一个是小说里北宋的传奇武侠,时间仅仅相差百年,他们之间是否有某种联系呢?

## 慕容家族

古往今来，瓜州都是一个移民城市，慕容家族并不是土生土长的瓜州人，他们的故乡在千里之外的大兴安岭。匈奴冒顿单于统一北方草原之后，被他打败的东胡分裂为两部，分别退到乌桓山和鲜卑山，民族因此以山为名，成为匈奴的附庸。东汉时期，匈奴衰亡之后，鲜卑成为草原上最强盛

大周故慕容府君墓志 慕容智墓出土

的势力。西晋末年皇权衰微，政治动荡，原居住在北方的少数民族逐渐内迁至长城以南。在十六国中，鲜卑族慕容氏在北方先后建立后燕国、西燕国、南燕国，与前燕国合称"四大燕国"，这就是小说里慕容复做梦都想要恢复的大燕国。前燕奠基人慕容廆的哥哥叫慕容吐谷浑（约245—约317），两兄弟从小一起长大，原本感情很好。后来因为兄弟矛盾，慕容吐谷浑于283年率部西迁，最终在枹罕（今甘肃临夏）扎下脚跟。吐谷浑逝世后，后人逐渐占领了青海和甘肃南部的广大地区，为追思慕容吐谷浑，就以他的名字为国号。隋末唐初，由于崛起的吐蕃对吐谷浑生存空间的挤压，吐谷浑多次袭扰河西走廊和陇右地区。大业五年（609），隋炀帝西征灭了吐谷浑国，吐谷浑可汗逃入党项部落。后来，慕容鲜卑趁隋唐动乱之际收复故地，重建吐谷浑国。唐初李靖率军击败吐谷浑伏允可汗，吐谷浑归附，改立诺曷钵为可汗，并将弘化公主嫁给了他。高宗龙朔三年（663），吐蕃彻底消灭了吐谷浑，吐谷浑可汗诺曷钵被迫带领数千帐百姓迁入凉州，从此慕容氏进入了河西走廊。

2019年9月，甘肃省武威市天祝藏族自治县国土资源局在野外调查时，在祁连镇镇北的一座山上发现了一座砖室墓葬。该墓出土的墓志上写着"大周故慕容府君墓志"，墓主人叫慕容智，是武周时期吐谷浑王族成员喜王。在慕容智墓的周边，又发现了9座吐谷浑王族墓，且在这座墓的不远处，还发现了弘化公主墓。张议潮起义后，为了安置归附的各少数民族，增设了十个部落，其中就有吐谷浑部落，可知瓜沙地区的吐谷浑人数不少。金山国时期，慕容家族已经成为瓜州的实际掌控者。曹氏家族正是通过与慕容家族联姻，获得了鲜卑慕容氏的支持，这是曹氏家族在敦煌政局中地位提升的重要助力。在慕容氏、翟氏等家族的拥护下，曹氏代替了张氏在瓜沙二州的统治，从而开启了曹氏归义军政权统治时期。

### 慕容归盈夫妇出行图

第12窟主室甬道南壁为首的供养人是慕容归盈，是当时的瓜州刺史，也是曹议金的姐夫。除了供养人像之外，在洞窟主室的西壁和南北壁的最下端还保存着慕容归盈夫妇出行图，这是榆林窟现存壁画中唯一的一幅家族出行图。

南北壁清代重塑的供台遮挡了出行图的前半部分，再加之这幅出行图位于地面和墙壁的连接处，病害较多，致使保存状况十分不好。但仔细观察，亦可对出行图的整体布局做一解读：出行图的核心部分位于南北壁和西壁相交的墙角处，鲜卑族来到瓜州之后，衣冠服饰逐渐汉化，南侧慕容归盈出行图中的人物大多身着圆领袍衫，头戴展脚幞头，丝毫不见鲜卑服饰的痕迹；北侧曹氏夫人出行图中曹夫人骑着高头大马，头戴华丽的花冠步摇，颇具命妇的气势，连身后的侍女也是骑马随行，英气十足。两幅出行图的前半部分均是队列严整的军士，戈矛林立，徐行如林，官员武将和侍女随从拱卫前后，声势浩大。在随行人员中，还有乐队正奏乐起舞，让本来如行军般严肃的队伍顿添活泼，尤其是曹氏夫人出行图，好似一幅欢乐的郊

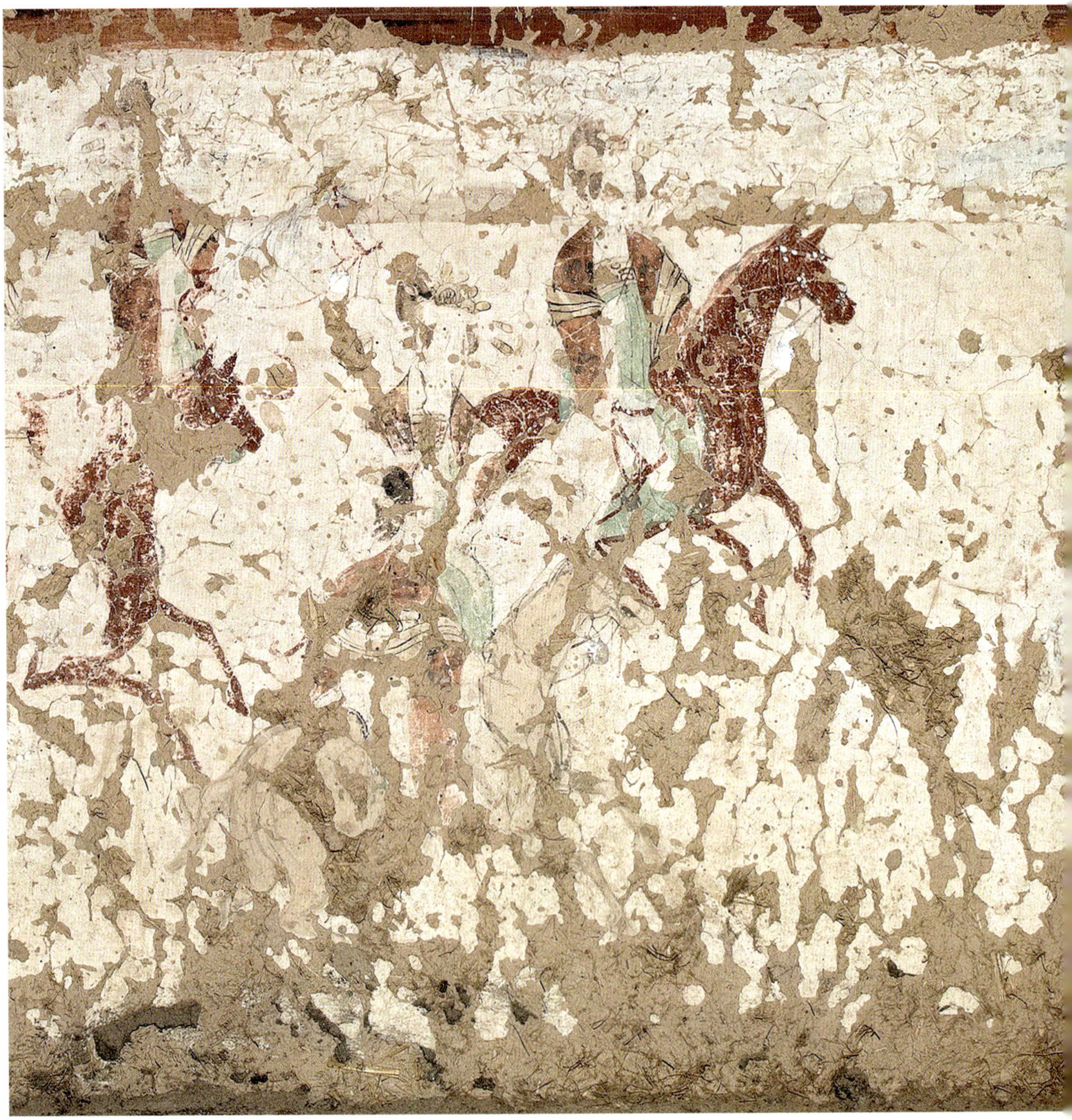

第12窟主室北壁下方 曹氏夫人出行图（局部） 五代

游图。出行图是敦煌壁画里一种十分特殊的题材，正是因为归义军政权远离中央，拥有较强的独立性，所以才在敦煌石窟中出现。与莫高窟张议潮和曹议金两位归义军节度使的出行图相比，慕容归盈只是瓜州刺史的身份，所以他的出行图规模较小，但在归义军统治近200年的时间内，下辖刺史的出行图仅此一例。

在《旧五代史》《五代史记》《册府元龟》等史书中，都记载了慕容归盈随曹议金一同向中原王朝进贡的事件。一般来说，地方藩镇向中原王朝进贡，必然是以地方最高长官的名义，但作为节度使下辖的瓜州刺史竟然也有向中原王朝进贡的资格，代表了慕容归盈在归义军内部地位超然。慕容归盈治理瓜州长达20余年，是曹氏统治时期唯一的一位异姓刺史，慕容家族是活跃于五代时期瓜沙一带的世家大族和一股重要的社会政治力量。940年，慕容归盈卒于任上，瓜州刺史由曹元忠接任，曹氏自此终于牢牢掌控了整个瓜沙二州，慕容家族渐渐退出了归义军政权博弈的舞台。宋代以后，河西慕容氏逐渐与各族人民融合，文献中已不见关于河西慕容家族的相关记载。

## 十大弟子

第12窟主室正壁绘制十大弟子和十大菩萨立像，这种众弟子和菩萨以站姿出现在窟室正壁的布局在整个敦煌石窟中较为罕见，是榆林窟五代时期说法图的一大创新。在榆林窟第33窟和第34窟的正壁中也出现了这样的布局。

　　说法图中共出现了十位菩萨，通过抄录题记可知菩萨的名号分别是净菩萨、住一切声菩萨、断一切恶法菩萨、海天菩萨、药王菩萨、智山菩萨、住一切悲见菩萨、常憶菩萨、虚舍那菩萨、月光菩萨，十大弟子分别是大迦叶波头陀第一、阿那律天眼第一、阿难陀总持第一、罗睺罗密行第一、须菩提解空第一、富楼那说法第一、目犍连神通第一、舍利弗智慧第一、迦旃延论议第一、优婆离持律第一。十大弟子都是亲耳听闻佛陀言教而成为觉悟者，是众多弟子中道行最突出的十人。在十大弟子中，最常见的就是阿难和迦叶，他们与佛陀常常组成一佛二弟子的组合。然而，在佛教艺术早期，最常出现在佛陀两侧的并不是阿难和迦叶，而是目犍连和舍利弗。他们原属婆罗门教，而且在婆罗门内部身份尊贵，是各自拥有数千门徒的大婆罗门，拥有很高的威望。他们的出家类似于今天的"带资进组"，使当时佛陀的声望和教团实力都大大增强，所以成为佛教中的重要人物。目犍连和舍利弗从婆罗门大学者转变成佛教徒，是佛教宣传的绝佳例证，所以在佛教绘画中，也成为常常胁侍在佛陀身边的人。

　　第12窟说法图中目犍连和舍利弗就分别位于佛陀的身侧，迦叶和阿难则在较远的位置。图中舍利弗所穿着的袈裟与其余弟子的田相袈裟完全不同，袈裟上装饰着青绿山水和云彩，唐人称为"山水衲"，这是地位较高的僧人才能穿的袈裟制式，以表现出舍利弗在众弟子中的特殊地位。随着佛教的发展，迦叶和阿难的地位逐渐提升。迦叶因为"拈花一笑"的典故，成为佛法的继承人，被认为是禅宗初祖。除此之外，迦叶也是佛教第一次结集的召集人，是佛陀袈裟的持有者和弥勒佛的传法人，因而成为超越舍利弗和目犍连地位的大弟子；阿难是佛陀的堂弟，因为了解佛陀的生活习惯，所以被选为佛陀的侍者，是佛教中最奉行佛陀法旨的人。他常常跟在佛陀身旁，所以是佛教很多大事件的参与者，后来他在佛教第一次结集的时候诵出所有佛经，是佛教史上的突出贡献者，同时被禅宗追认为二祖。正是因为禅宗的诞生，中国传承谱系将迦叶和阿难纳入顺位传承体系中，因此，两人在追求法统来源十分浓重的佛教中的地位逐渐攀升，取代了舍利弗和目犍连，与佛陀组成新的一佛二弟子组合。

## 黑死病与药王洞

第12窟正壁的说法图中，并没有出现佛陀形象，那么佛教洞窟中最重要的佛陀究竟去哪里了？根据目前的推测，佛陀应该是以塑像的形式出现，与正壁的十大弟子、十大菩萨和南北两壁的天龙八部形成绘塑结合的说法场景。但是今天佛陀的塑像早已不见，取而代之的是七身清代重修的塑像，居中的一身塑像身着绯色蟒袍，他就是孙思邈，唐代医药学家，被后人尊称为药王。那么，他是出于什么原因而被推上第12窟佛坛的呢？原来，瓜州在清代曾发生过一场十分严重的瘟疫，得这个病的人，马上神志不清，紧接着就是呼吸困难导致全身缺氧，因病人临死前皮肤呈黑紫色，所以人们把这种死状非常恐怖的病叫黑死病。黑死病究竟是怎么产生的呢？最早发现病源的是日本著名的细菌学专家北里柴三郎，他第一次在老鼠的尸体里发现了鼠疫杆菌，才算揭开了黑死病的神秘面纱。1910年，鼠疫在东北爆发，在很短的时间内就死了6万人，连赶来抗疫的北里柴三郎都束手无策，最后这场疫病被一个叫伍连德的中国人所扑灭。伍连德是马来西亚的华侨，是第一个获得剑桥大学医学博士学位的华人，他通过大量的研究，发现黑死病与野外的旱獭（土拨鼠）有很大的关系。皮毛生意是东北猎人重要的经济来源，旱獭得了病之后行动迟缓，更容易被猎人捕捉，旱獭皮毛通过贸易转运到全国各地，所以就引发了大规模的疫情。经过研究发现，这种疫病是通过空气中的飞沫传播的肺鼠疫，伍连德对症下药，很快就制订了一系列的防疫措施，医用加厚口罩就是由他发明的，后来就被命名为伍连德口罩。通过实施隔离管控和消毒杀菌等一系列有效的措施，伍连德仅用了半年的时间，就将这次疫情扑灭了。

瓜州的那场鼠疫在清末爆发，也与土拨鼠有关。榆林窟的旁边分别是东巴兔草原和石包城草原，草原上生活着很多土拨鼠，榆林窟周围也常常见得到土拨鼠的洞穴和踪迹。由于瓜州的地形大多是戈壁滩，绿洲少，粮食紧缺，为了吃饱肚子，草原上到处跑的土拨鼠成为当地人打牙祭的鲜嫩肉食。而正是因为吃了得病的土拨鼠，清末瓜州就爆发了严重的黑死病。当时的西北小县城里可没有北里柴三郎和伍连德，他们连细菌是什么都不知道，老百姓只能把所有的希望寄托于神灵，于是就在第12窟塑造了这尊工艺简朴的药王神像，祈求他能解救得病的亲人。

石包城草原

到了21世纪，鼠疫在当地也时有发生，比如玉门市曾在2015年发生过小范围的鼠疫，瓜州县在2016年也曾出现过疫情。幸运的是，人类已经掌握了战胜鼠疫的武器，自从20世纪抗生素问世以来，黑死病再也不能肆无忌惮地为害人间了。

# 曹元忠的爱情与亲情

## 第 19 窟

曹元忠于944年接任曹氏归义军节度使,执政时间长达30年(944—974),是归义军时期在位时间最长的一任节度使,曹氏归义军政权在他的统治下进入了巅峰时期。

  第 19 窟的洞窟形制、壁画内容和绘画风格与第 16 窟非常相似。主室正壁同样是对归义军政权有重要意义的牢度叉斗圣变(残),南北两壁分别是药师佛经变、报恩经变、天请问经变和阿弥陀佛经变,主室西壁门南北两侧分别绘文殊菩萨和普贤菩萨出行图,前室和甬道均绘曹氏供养人像。种种现象表明,第 19 窟和第 16 窟属于同一种营造模式,两窟之所以如此相像,是因为第 19 窟的窟主是曹议金的儿子曹元忠。

## 曹元忠

  第 19 窟主室甬道南壁绘制了洞窟的窟主,从"推诚奉国保塞功臣敕

第19窟后甬道南壁 曹元忠供养人像 五代

归义军节度特进检校太师兼中书令谯郡开国公曹元忠一心供养"的榜题可知，这是曹元忠的供养人像。供养人像是敦煌壁画常见的题材，自北凉时期就已经出现，一直延续到元代末期，贯穿敦煌石窟营建的始终。早期的供养人像规模较小，通常在20厘米左右，一般绘于洞窟主室的四壁或中心塔柱的下端。到了唐代，随着佛教世俗化的进程，供养人像的规模逐渐增大，才有了莫高窟第130窟著名的都督夫人礼佛图。曹氏归义军时期，供养人像的规模达到了巅峰，莫高窟第98窟于阗国王李圣天供养人像高达2.82米，是敦煌石窟中现存规模最大的供养人像。曹元忠的画像高1.73米，是这个时期流行的真容像，即按照曹元忠的真实样貌描摹所得。在当时，1.73米的曹元忠堪称伟岸，再加之其俊俏的面部经过多层晕染显得肤色红润，眼睛明亮清澈，鼻梁高挺，眉毛和胡须疏朗有致，根根可数，堪称敦煌石窟中最帅气的一身供养人像。

曹元忠头戴展脚幞头，身穿绯红色圆领长袍。五代时期四品以上官服为绯色，曹元忠是二品节度使，所以当着绯色。除此之外，腰间还饰以象牙笏板和紫金鱼袋，赐紫金鱼袋是官吏政治权力的象征。自三代以来，贵族就有佩玉的习惯，汉代官员则常常佩带虎符。到了唐代，唐高祖为避祖先李虎的名讳，废止虎符，以"李"和"鲤"同音，改用鲤鱼形的鱼符。唐代规定，三品以上官员的鱼袋以金饰之，称为金鱼袋；五品以上官员的鱼袋以银饰之，称为银鱼袋。到了武则天时期，又把金鱼改为金龟，从此便有了"金龟婿"这个美称。

画面中的曹元忠双手捧长柄香炉，正虔诚礼佛。身后另绘有一身小供养人，从其旁边的榜题可知，他是曹元忠的儿子曹延禄，他身着装饰有团花的回鹘装，表明了这个时期回鹘人对归义军政权的影响。曹元忠是曹议金的第三个儿子，是慕容归盈逝世后瓜州刺史的继任者，他的哥哥曹元德和曹元深在940年和944年相继去世，曹元忠在944年接任归义军节度使。他执政的时间是944年到974年，是归义军在位时间最长的节度使，曹氏归义军政权在他的治理下达到了巅峰期。曹延禄头顶有"第十二窟"的字样，这是张大千先生在榆林窟临摹壁画期间书写的，张大千曾对榆林窟做过较为系统的编号。

## 凉国夫人浔阳翟氏

主室甬道北壁绘曹元忠夫人翟氏的供养人像，身后跟着一位小供养人，是曹元忠的大女儿曹延萧。母女俩身着盛装，手捧供物，正虔诚礼佛。经测量，翟氏供养人像高1.75米，这并不是因为她的身高比曹元忠高，而是因为她头戴华丽的冠饰。古代贵妇素来以发髻高耸为美，地位越高，发髻也就越高，但是，一个人的发量毕竟是有限的，好在古人发明了人工接发的装饰方式。中国早在周朝就开始使用假发了，《诗经》中就有"鬒（zhěn）发如云，不屑髢（dí）也"，意思是古人头发如云一样又黑又多，不屑于戴假发，髢就是假发的意思。但是，《孝经》中说："身体发肤，受之父母，不敢毁伤，孝之始也。"因此，假发来源一直十分紧俏，主要有三个来源：

第19窟后甬道北壁 翟氏供养人像 五代

一是贫贱妇女售卖自己的头发以换取生活所需；二是从处以髡（kūn）刑的犯人那里获取；三是新罗国女性向中原王朝进贡的头发。《三国史记·新罗本纪》中记载了869年新罗国的一次头发贸易，当时头发的价格是"三尺五寸头发三百两"，由此可见假发的价格极高。唐代诗人郑遨在《富贵曲》中感叹道："美人梳洗时，满头间珠翠。岂知两片云，戴却数乡税。"古代敦煌与朝鲜半岛之间可以通过漠北草原或中原加以联系，敦煌壁画中也有新罗人的形象。

翟氏头戴桃形凤冠，发插金步摇，面贴花钿，双鬟包面，项饰各种珠玉，身穿大袖襦裙，整体装扮十分华贵。更值得一提的是，翟氏服饰的颜色与曹元忠是一样的，这是遵从了古代社会"妇人之衣从夫色"的礼仪规定。衣服外披帔帛，脚穿着花瓣履，这种鞋是为穿曳地长裙而专门设计的，它的鞋尖向上凸出来，并有花瓣形的装饰，把长裙放在鞋面上之后，走路就不会踩到裙边了。从翟氏前面"敕受凉国夫人浔阳郡翟氏一心供养"的榜题得知，翟氏的祖籍是浔阳郡（今江西省九江市），而实际上他们的故乡远在贝加尔湖畔。学者们认为翟氏原本是丁零人，后来从贝加尔湖一带南下，与鲜卑人融合在一起，构成乞伏鲜卑部落，与慕容归盈的祖先是近亲。这支部落经过多次迁徙，来到了陇西郡一带，之后又融合了陇西一带的其他鲜卑部落和当地羌族，最后形成乞伏鲜卑联盟，其首领乞伏国仁建立了十六国之一的西秦。翟氏是当时西秦政权的核心力量，北朝时期，一位陇西翟姓人氏到敦煌做官，子孙就留在了敦煌，数百年之后便形成敦煌翟氏家族。

曹元忠不仅是一位杰出的归义军节度使，也是古代少有的模范丈夫，根据专家学者的研究，他终其一生似乎仅娶了翟氏一位夫人。这种"愿得一人心，白首不相离"的爱情神话，在善于通过政治联姻来巩固政权的曹氏家族中简直不可想象。

究其原因，这也许与翟氏家族在河西的权势有关。翟氏是敦煌的望族，莫高窟著名的第220窟就是翟家窟，张氏、索氏、李氏等家族在杀戮中凋零之后，翟氏一跃成为瓜沙地区家族政治的代表之一，其所拥有的社会声望和政治力量是曹氏归义军政权初期不可或缺的，所以曹氏也进一步加强了对翟氏姻亲关系的重视。

另外，翟氏一门僧人极多，主持修建莫高窟第85窟的翟法荣任河西都僧统（河西地区僧人的最高管理者）一职。首先，归义军时期，佛教成为敦煌人的普遍信仰，它潜在的号召力甚至超过节度使；其次，在识字率极低的古代社会，僧人由于长期从事文字和翻译工作，佛寺便成为当时的人才聚集机构，敦煌拥有十分发达的寺学，是敦煌基础教育最重要的部分，所以寺院为归义军提供了大量的管理人才；最后，佛教译经师懂得多国语言，归义军的外交部门几乎全靠寺学的培养，曾经出使大唐的沙门统悟真就是其中的代表。佛教影响了归义军的政治、经济、信仰等诸多方面，成为最庞大的社会共同体之一。

最重要的是，曹元忠的夫人翟氏是一位很有能力的政治家。从藏经洞出土的敦煌文献中可知，她曾积极地参与到归义军的诸多事务中，莫高窟第61窟、第55窟，榆林窟第19窟、第33窟、第36窟等洞窟都是由她主持营建的，她还曾组织匠人修复了莫高窟第一大佛像（莫高窟第96窟大佛）及其窟前建筑。所以，翟氏是继回鹘圣天公主之后，归义军内部最重要的一位女性，为归义军的发展做出了巨大贡献。曹元忠与翟氏的婚姻起初或许仅仅是一场典型的政治联姻，在牵一发而动全身的复杂政治网络中，作为归义军节度使的曹元忠必须要考虑到翟氏家族在当地的广泛影响力，这是毋庸置疑的。

## 六道轮回图

前室甬道南壁中央保存一幅六道轮回图，部分画面被毁。六道轮回图由内到外共有五环，画面的中心圆里现仅存一女子和一男子的形象，根据宋代日新记录的《兰盆疏钞余义》记载，画女性表示爱欲，画男性表示傲慢，因此这里应该表现的是佛教爱、痴、见、慢等"四感"；第二环仅存二分之一，现存的画面用红色的边框隔成了三个部分，分别出现的佛教的天众、人和各种动物，表现的是天道、人道和畜生道的种种生物，所以表现的是这幅图的主题"六道"；第三环根据红色边框的分布可知分成十八个小画面，表现的是无明、行、识、名色、六处、触、受、爱、取、有、生、老、死、愁、叹、苦、忧、恼等"十八缘"的内容；第四环原来应该有12个圆桶，现仅保存7个，顶部的圆桶中一只动物从右侧钻进去之后，左侧出现的是一个男人的上半身，表示众生因为业力的多寡在六道中轮回的场景，这个人在前世做了好事，才从畜生道轮回到了人道；第五环原来应该有 20 幅画面，现存 14 幅，暂时还没有解读出来。

六道是由三善道（天道、人道、阿修罗道）和三恶道（畜生道、饿鬼道、地狱道）组成。佛教认为人死后会根据生前的业力进行投胎，积善的人进入三善道，作恶的人进入三恶道。六道轮回图就是图解六道运行原理的图像，六道轮回图的上方是无常大鬼，它双手抱着生死轮，并张开嘴紧紧咬住，表示一旦进入轮回就不可逆转，只有不断修行，才可以摆脱轮回之苦。大足石刻六道轮回造像与这幅图非常相似，石刻旁侧刻有一首四言七绝，把佛教轮回说得极为透彻，即"三界轮中万种身，自从贪爱业沉沦。君看轮外恒沙佛，尽是轮中旧日人"。第 19 窟六道轮回图比大足石刻六道轮回造像早了 200 余年，不仅是敦煌石窟中唯一的一幅六道轮回图，也是国内最早的一幅，因此弥足珍贵。

## 目连救母

在前甬道北壁与六道轮回图相对的位置，是根据《盂兰盆经》绘制的目连变相，故事讲：佛陀的弟子目连，家境殷实，目连的母亲青提夫人，吝啬贪婪。青提夫人喜好肉食，每次等目连外出时，就盼咐家里烹羊宰牛，从不修善。青提夫人死后被打入地狱，受尽各种苦刑。目连经过勤奋修行，得到了天眼神通。他通过神通看到饿鬼道里的母亲正在受苦，便用神通力运饭给母亲，但食物刚到母亲嘴边就化成了火炭。目连见此情景心如刀绞，立刻回去求佛陀指点他帮助自己的母亲脱离苦海。佛陀告诉目连可以在七月十五日举行盂兰盆会，为各地的出家人准备食物供养他们，集合十方僧众的力量，不但可以救母亲脱离恶道，也可以解救别人的父母。目连按照佛陀的指示行事，七月十五日这一天和僧人们一起念诵《盂兰盆经》，目连母亲得以吃饱转入畜生道成为一条狗，目连又诵了七天七夜的经，使他母亲脱离狗身，进入天界。

壁画下部多有残损，漫漶不清。现存壁画的左上角可见有一处坟墓，表现目连为死去的父母守墓，旁边画出一座城池，城中有殿堂，表现目连出家修行得道，到天宫寻父，打听母亲下落的场景。以下更多的画面，则表现地狱中的状况，鬼卒或驱赶着亡人行进，或在行刑，用以表现人死后在地狱中所受的种种刑罚。

这幅壁画是敦煌石窟中唯一一铺目连变相图，除此之外，藏经洞出土了与之相应的《目连变文》，是用来配合绘画宣传孝道的讲唱文学。佛教传入中国之初受到了巨大的阻力，其原因之一就是其思想与中国的孝道思想背道而驰，为了传教，佛教徒开始积极与传统儒家思想结合，促进了佛教的中国化。这个故事中衍生出的盂兰盆节就是孝道思想的产物，梁武帝于公元538年7月15日在同泰寺举办了第一次盂兰盆会。到了唐代，盂兰盆会已在民间广泛流行，逐渐成为一个重要的传统节日。

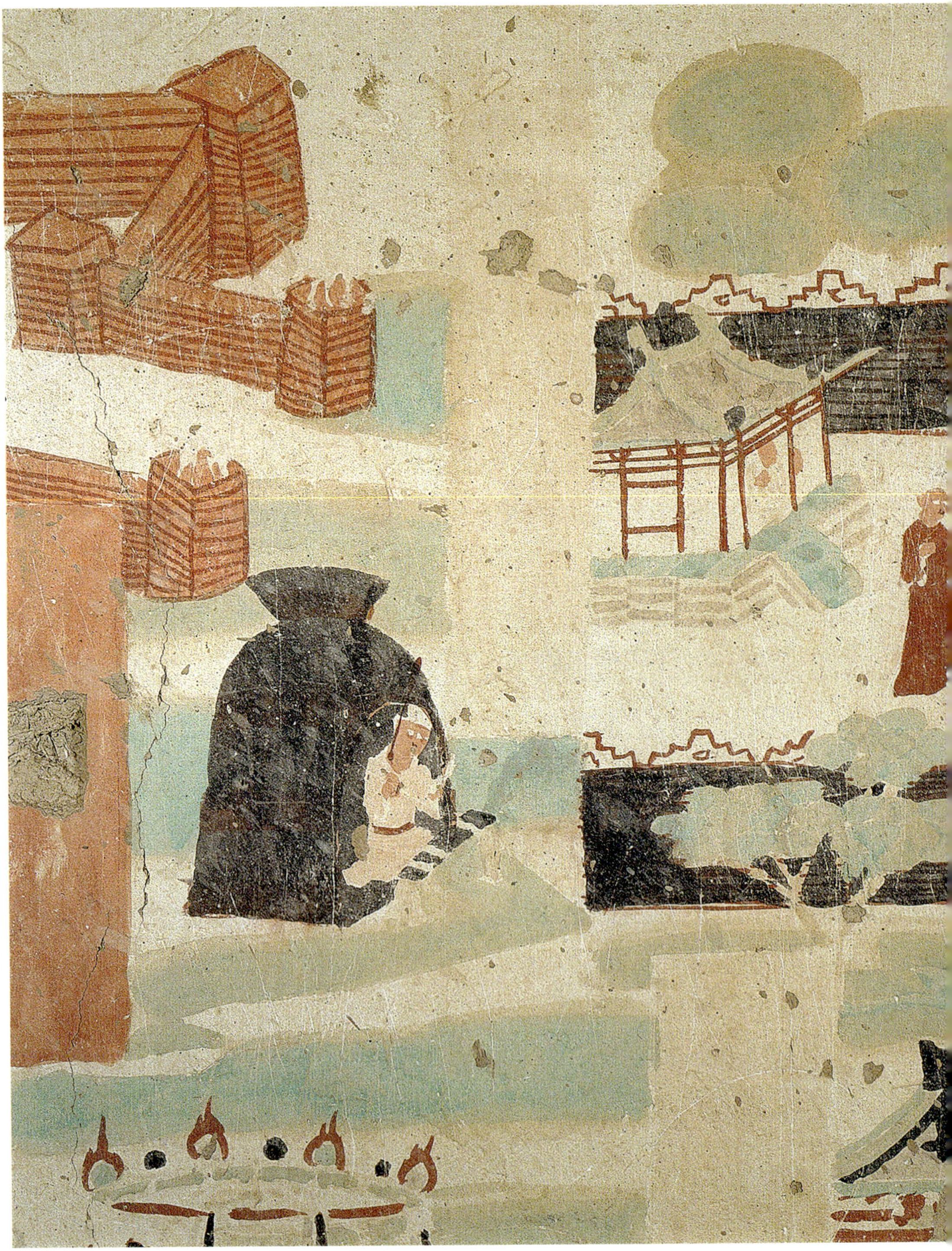

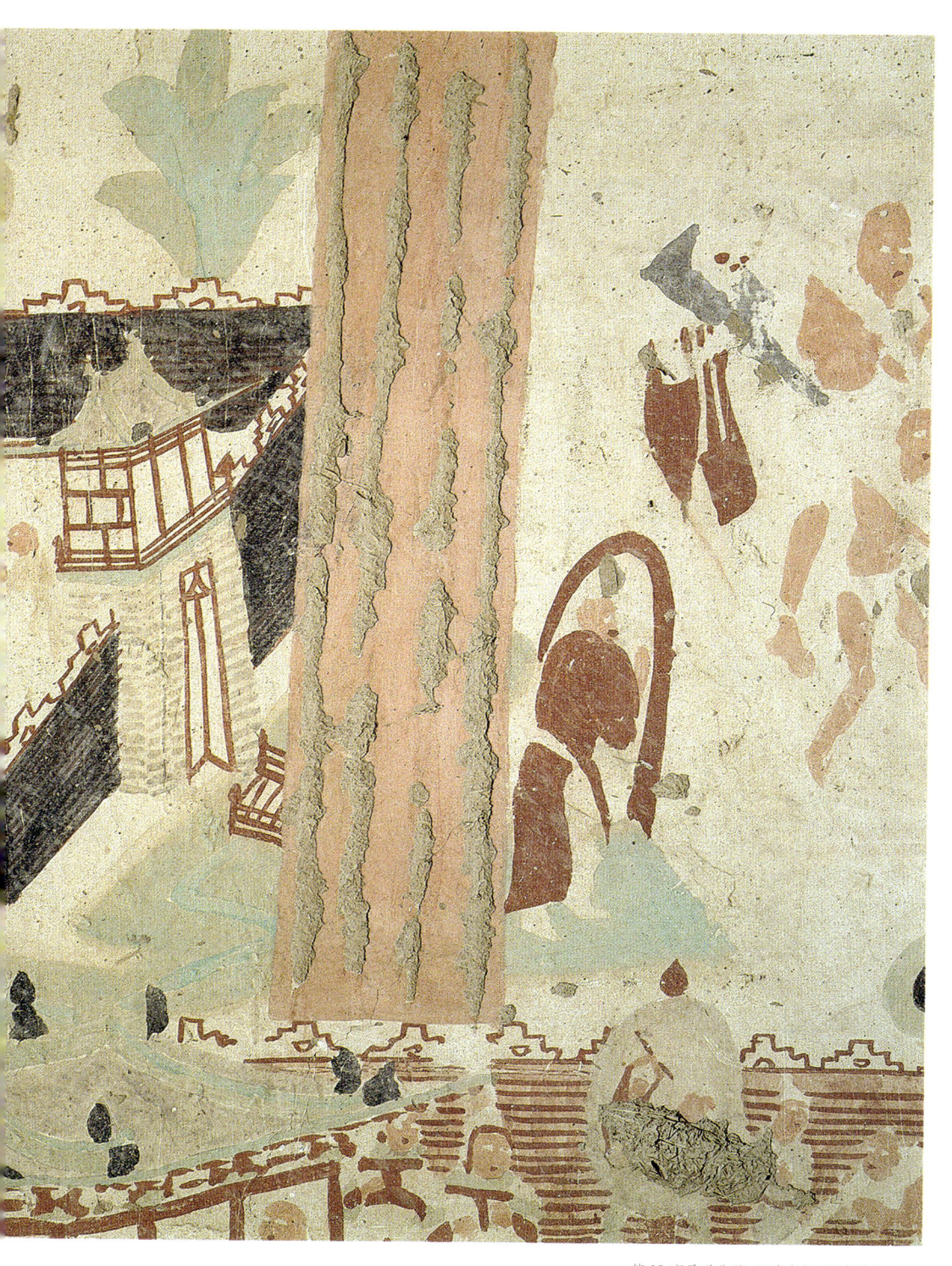

第19窟甬道北壁 目连变相 目连寻父 五代

## 灵魂要到何处去？

　　第19窟同时出现了六道轮回图和地狱变相，代表着当时人们已经接受了佛教带来的地狱信仰。地狱信仰是佛教围绕着"灵魂要到何处去"这个问题给出的答案，但在中国古代，最早的灵魂归宿不是地狱，而是"黄泉"。《左传·隐公元年》中记载，郑庄公与其母就曾"不及黄泉，无相见也"。当然还有"幽都"，比如《楚辞·招魂》中有"魂兮归来！君无下此幽都些。土伯九约，其角鬤鬤些"，"幽都"显然比"黄泉"能够容纳更多的灵魂，为了管理这些灵魂，人们还想象出了幽都的管理者"土伯"。在两汉魏晋时期，民间传说人死后将魂归泰山，泰山是五岳之首，人们认为它是天与地的连接处，类似于佛教的须弥山，是神仙的聚集地。此外，泰山冥府是亡魂的归宿，泰山府君是幽冥世界的管理者，《幽明录》中还说泰山冥府中有"都录使者"记录生前的善恶账本。地下世界从单一的掌管者变成一个独立运行的机构，显然是模仿现实中的朝廷管理模式而创造的，是中国古代官本位思想的体现。

　　南北朝时期，佛教空前繁荣，中国传统冥府的概念开始与地狱信仰相互融合。到了唐代，地狱信仰已经深入人心。藏经洞出土的文献《唐太宗入冥记》写的是玄武门之变后，唐太宗因为李建成、李元吉在冥间诉冤屈，生魂被押入冥府的故事。后来这个故事通过吴承恩的重新加工，就变成了《西游记》第十回"二将军宫门镇鬼，唐太宗地府还魂"。从藏经洞出土的变文中可以看到，幽冥世界变得非常丰富，冥界之主由单一的阎罗王演变为地狱十王，阎罗王为第五殿冥王。地狱十王则由地藏菩萨统领，地藏菩萨既是幽冥世界的救赎者，也是主宰者，十王麾下各有若干冥官冥吏。后来又出现了我们熟悉的牛头、马面、黑白无常和孟婆等人物，一个完整的地狱世界被创造了出来，才有了大足石刻宝顶山丰富的地狱造像艺术，标志着地狱信仰的"本土化"进程。

榆林窟第19窟开凿于五代，距今已经有了1000年的历史，它作为曹元忠的功德窟，代表了敦煌石窟艺术从莫高窟开始向榆林窟转移的进程。洞窟内容推陈出新，保存了敦煌石窟仅见的六道轮回图和目连变相，体现了榆林窟营建者大胆的创新精神和海纳百川的包容之心。自此之后，榆林窟正式接过了敦煌石窟艺术传承的接力棒，在西夏时期终于创造出了敦煌艺术的又一个巅峰。

# 西夏秘密堂

## 第29窟

> 西夏人的到来，为走向末路的敦煌石窟艺术注入了新鲜的艺术血液，自此之后，西夏人开始集中精力营建榆林窟，所以才有了精彩绝伦的西夏秘密堂。

第29窟的地理位置十分隐秘，它位于榆林窟东崖的北端，工匠们在第28窟的旁侧开凿了一个窟口，进去之后是一个"L"形幽暗通道，低矮的甬道需要躬身才能通过。步行七八米之后是一个宽阔空间，崖壁上一米见方的明窗，让眼前突然明亮起来，下午和煦的阳光透过明窗可照在第29窟的窟门上。而本窟之所以叫秘密堂最主要的原因是一则保存在第19窟后甬道上的汉文刻画题记。

## 秘密堂题记

第19窟内保存的题记共计52条。其中最隐秘的就是位于洞窟后甬道

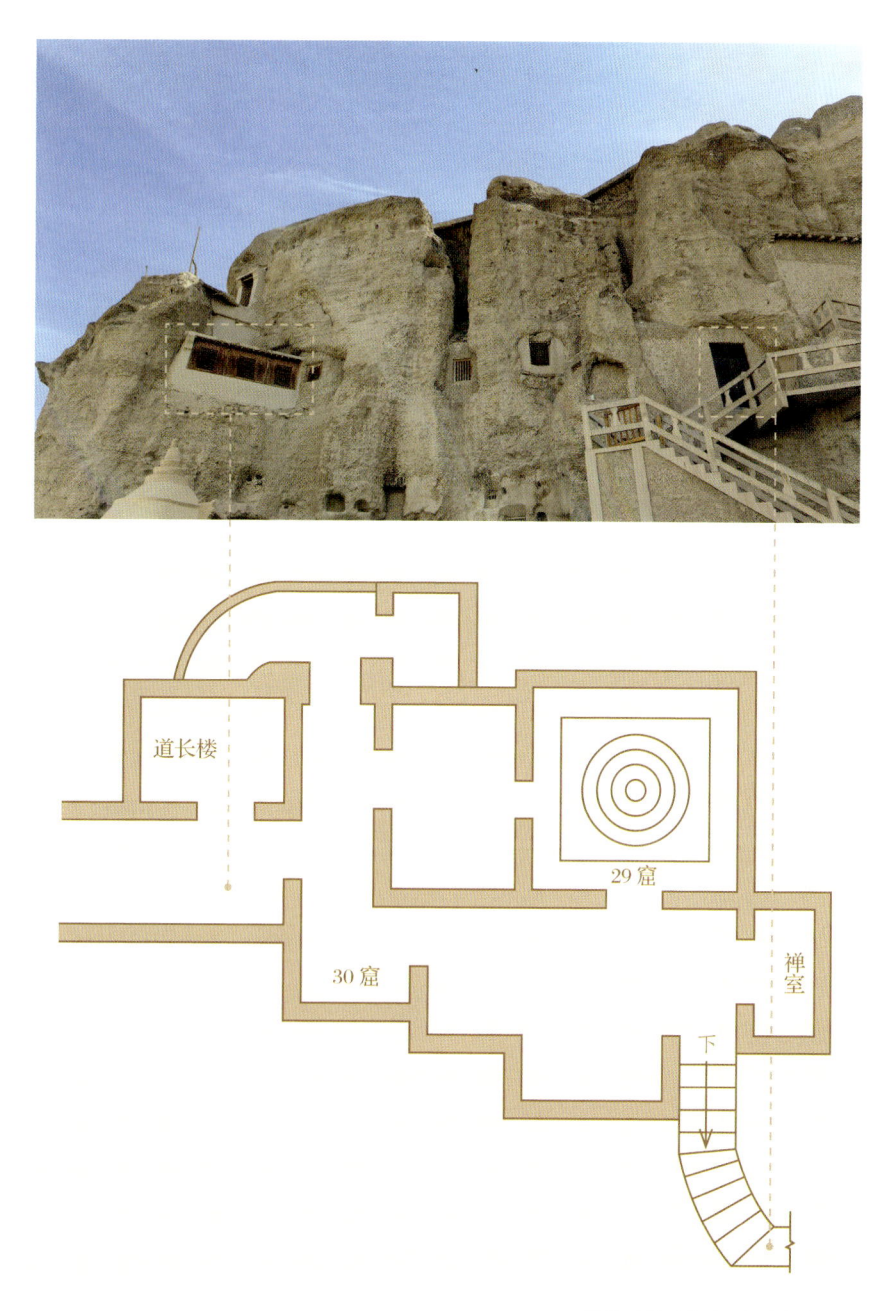

第 29 窟地理位置示意图 何文文绘

北壁翟氏供养人像衣袖上的一则刻画题记："乾祐廿四年□□□,画师甘州住户高崇德,小名那征,到此画秘密堂记之。"这则题记是用非常尖锐的工具刻画出来的,刻痕既细又浅,且隐藏在翟氏供养人像红色的衣袖上,如果不仔细观察,是很难发现的。那么,秘密堂就是指第19窟吗?显然不是。首先,第19窟现存的供养人像和供养人题记将其营建年代明确地指向了曹氏归义军时期;其次,这则刻画题记中出现的"乾祐"是夏仁宗李仁孝的年号,乾祐廿四年即1193年,此时的瓜州正处于西夏的统治之下,可见秘密堂一定是西夏时期营建的。榆林窟西夏时期开凿的洞窟有4个,分别是第2窟、第3窟、第10窟和第29窟,秘密堂当是其中之一。今学界普遍认为第29窟就是高崇德参与绘制的秘密堂。

## 西夏供养人

第29窟南壁窟门两侧均绘供养人像,门东侧绘男供养人,门西侧绘女供养人。男供养人分上下两排,上排最左侧为一矩形画框。画框内绘一

第29窟南壁东侧　男供养人像　西夏

位坐于须弥座上的西夏国师像，国师头戴金边四莲瓣僧帽，身穿深红色袈裟，露出黄色的右衽内衬，表情肃穆，正注视着前方一位端着贡物的老僧。老僧的一侧另有九位高僧，正双手合十，似乎正在认真聆听国师说法。国师的身后有一童仆正撑起伞盖，国师的身侧有一张供桌，桌上有香炉、油灯和食物等供物。旁边有一行墨书西夏文题记，学者们翻译为"真义国师昔毕智海"。西夏国师是仅次于帝师的高僧封号，这位国师不仅地位特殊，而且在整个供养人行列中居首位。国师旁边的其他供养人服饰相近，头戴云镂冠，身穿圆领窄袖绯色长袍，脚穿皮靴，腰间绑有护髀和束带。这是西夏经典的武官服饰，尤其是颇具西夏民族特色的护髀，白底上绣着党项人十分钟爱的黑色云纹，镶深绿色宽边，绑在腰部用以减少兵器与铠甲之间的摩擦，是军服的一种重要标识。他们手中各执一枝鲜花，正恭敬地礼佛。

赵麻玉供养人像

通过专家对供养人身后西夏文榜题的解读，我们得知国师旁侧的第一身供养人是沙州监军司的军事长官赵麻玉。西夏在地方行政上有较强的军事管理特色，将全国划分为左右两厢，每厢统六个监军司，监军司长官实际上是总揽地方一切事务的军政总管。第二身供养人是内宿御史司正统军使向赵，内宿御史司是皇帝的御林军，向赵就是御林军的统领——正统军使。1193年是夏仁宗李仁孝在位期间，兼任御史司的向赵相当于是夏仁宗的秘书长。著名学者宁强先生认为，作为夏仁宗侍卫长兼秘书长的向赵，一切工作内容均是围绕着皇帝而展开，他既然在榆林窟出现，或许表明夏仁宗也来到了瓜州。向赵身后的第三身供养人略低，是向赵的儿子军讹玉，在向赵父子之间还有一个小男孩，是向赵的孙子没力玉。窟主赵麻玉的身后为什么要画向赵一家三口呢？可能是身在官场的赵麻玉为了讨好向赵。赵麻玉虽然与向赵同级，但向赵兼具朝廷高官和皇帝亲信的身份，为了讨好向赵，他就在最重要的位置上画了向赵父子。有趣的是，没力玉的供养人像是画在纸上后剪下贴在壁画上的，可见起初壁面上并没有他，可能是向赵为了让远在京城的小孙子也能有一份功德，就让画师补画了这个形象。

第三身供养人的身后有三个童仆，与供养人端正肃穆的站姿不同，童仆有的双手捧着贡物正发着呆，有的肩扛长竿前行，有的躬着腰提着衣角，富有生活气息。其中，有两个童子的发型十分独特，剃光头顶，只留周围的头发，两侧的发辫垂在耳朵后面，这是西夏推行秃发令的结果。西夏开国皇帝李元昊自认为是拓跋鲜卑之后，"拓跋"就是因秃发而得名，为了凸显民族旧俗，李元昊颁布秃发令，限百姓三日内秃其发，所以才出现了这种独特的发式。那位肩扛长竿的童子也是秃发，只是被头顶系的"英雄结"遮盖了。

下排为首的三位供养人服饰与赵麻玉的服饰相同，通过解读西夏文题记，我们得知第三位供养人是赵麻玉的长子赵祖玉，他是瓜州监军司通判。赵祖玉前方的两位供养人题记不全，通过可以辨认的几个字得知两人应该是瓜州监军司的高级军官，属于赵祖玉的上司。第29窟的窟主虽然是沙州监军司长官赵麻玉，但却开凿在瓜州的榆林窟，这必然要照顾到瓜州地方长官，所以才有了这样的组合。赵祖玉的身后另有五位男供养人像，他们并没有着武官的服饰，应是当地的其他官僚或提供资金支持营建该窟的世家大族。

绘于门西侧的女供养人像也分为上下

西夏孩童像

两排，上排与国师相对应的位置出现了一位身着通肩袈裟，结跏趺坐于方毯之上的高僧形象，左右各有一身侍者。前方低矮的供案上摆放着金刚杵等法器，前面的空地上有三个人，似乎正在听高僧说法。高僧似在洞窟中禅修，圆券形的龛外点缀了山石，整个画面俨然是一幅高僧禅定图。龛外右侧就是"出家禅定……那征一心……"的西夏文题记。禅定图后面绘三位女供养人，头戴花钗冠，身穿右衽窄袖绣花长衫，内穿长裙，脚穿圆口尖钩鞋，双手合十，手中夹着花枝，正虔诚地礼佛。从第一身女供养人身侧"故岳母曹氏夫人"的题记可知，她是赵麻玉已故的岳母曹氏，而这位曹姓女子很可能是曹议金的后裔，表明西夏占领瓜沙二州之后，也采取了积极与当地大家族联姻的策略。第二身女供养人旁侧的题记已漫漶不清。第三身女供养人旁侧的题记是"故先行愿施主夫人褚氏"，看来她是赵麻玉已经亡故的妻子。褚氏夫人的前面有一个小女孩，身后还有两个小男孩，应该是赵麻玉年幼的子女。下面一排有六位女供养人，应该是其他几位男供养人的家眷，她们的身高从西向东逐渐降低，表明了身份地位的不同。下排女供养人像最前面是一位僧人，应该是站在女供养人行列前面引导供养的高僧。

综上所述，学界认为第29窟是一个以西夏武官为主、文官为辅，官民合资、社会共建的"公共窟"，从向赵的身份来看，这个洞窟真正的窟主或许就是夏仁宗李仁孝。洞窟绘制完成的时间是1193年，夏仁宗正是在这一年逝世的，洞窟内出现了用来接引的文殊菩萨和普贤菩萨、度亡的水

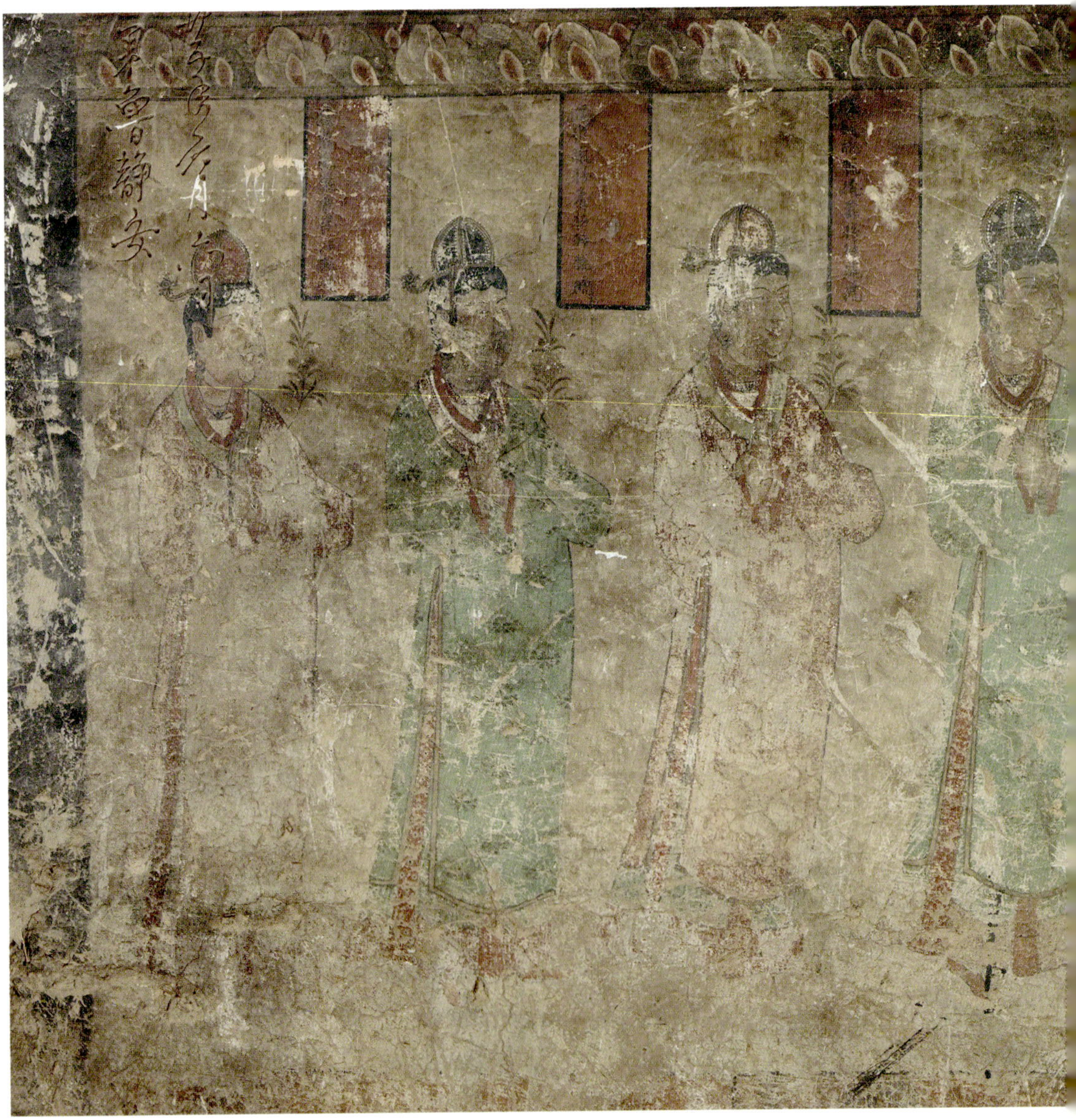

第29窟南壁西側 女供養人像 西夏

月观音、往生的西方净土等题材，或许就与这件大事有关。

## 文殊变和普贤变

在榆林窟，文殊变和普贤变多绘于洞窟主室门两侧，但第29窟的文殊变和普贤变则位于洞窟东西两壁的正中间，这在整个敦煌石窟中都是极为少见的布局方式。文殊变位于第29窟东壁中央：文殊菩萨居中，正坐在青狮之上，青狮正看向牵狮人，这里的牵狮人是于阗国王。于阗国王是文殊变中出现的新形象，据莫高窟第220窟甬道文殊变的发愿文得知，有于阗国王形象的文殊变被称为"新样文殊变"，榆林窟第29窟就是对这种风格的传承。文殊菩萨的两侧眷属环绕，人物形象多按照西夏人的形象绘制，富有世俗性的意味。值得注意的是，画面中出现了一位拄着拐杖的老人，这就是文殊老人，因为绿色是西夏百姓常穿的服色，所以原本的白衣老人也穿上了绿色长袍。青狮之前有善财童子正在引路，青狮身后有一位药叉正匆匆赶来。众人全部都站在祥云

文殊菩萨眷属

于阗王牵狮

之上。顶部的山中隐约可见云中化现的金钟、佛头、佛手等。位于西壁中央的普贤变构图与文殊变十分相似，人物同样是 13 位，甚至也出现了本来属于文殊变的老人形象。画面中善财童子的发式是西夏流行的秃发，下身半裸，仅穿着绯色上衣，正双手合十，在队伍的最前面引路，形象生动活泼。

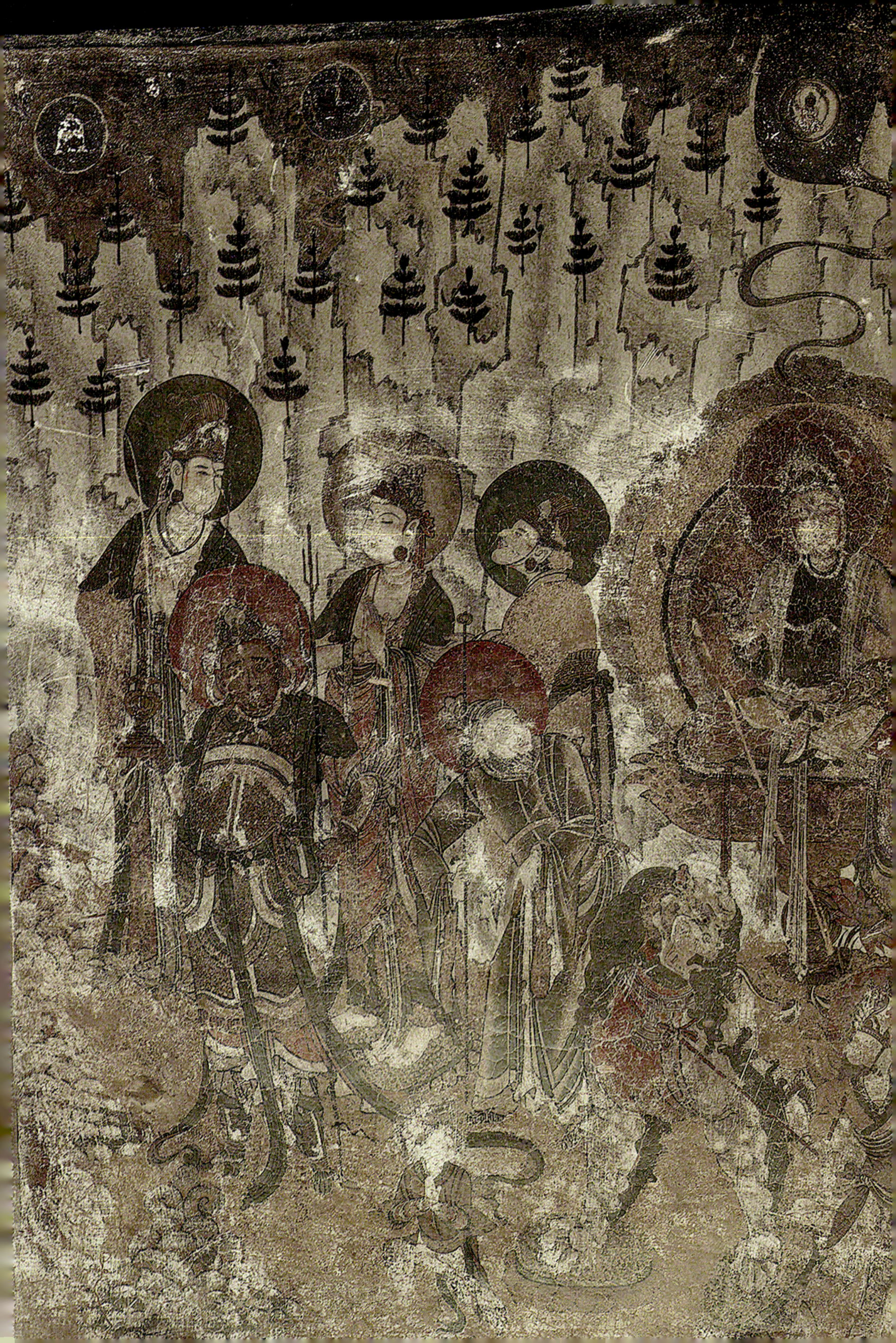

第29窟主室东壁中央 文殊变 西夏

## 西方净土变

在佛教各种各样的净土世界中，最令人向往的就是阿弥陀佛所在的西方极乐世界。正因如此，自唐代以后，净土宗成为佛教最流行的宗派，以至于有了"家家阿弥陀，户户观世音"的现象。至今，佛教徒的口头禅"阿弥陀佛"就是这种信仰流行的一个例证。第 29 窟文殊菩萨和普贤菩萨行进的方向是由南至北，东西壁的北端就是两幅净土变，代表着众人受到二位菩萨的引导，终于来到了向往已久的净土世界。有学者认为文殊变北侧绘的是药师佛经变，普贤变北侧绘的是阿弥陀佛经变。然而，东壁所谓的药师佛经变中并没有出现经幡、十二药叉大将、药钵等关键性图像，反而出现了西方净土变中标志性的迦陵频伽、仙鹤、孔雀和化生童子等内容。所以这个洞窟出现的这两幅经变画其实是一幅合二为一式的西方净土变，代表着分两边行进的男女供养人最后一同进入了"无有众苦，但受诸乐"的西方极乐世界。这两幅净土变的构图方式与第 25 窟那种众星捧月式的模式不同，整个画面采用了两段式的布局。上部是一个建筑群，佛陀坐在中部大殿之内，与两侧听法的众菩萨和弟子组成一个横卷式的说法图。下部原本的亭台楼阁和大面积的水域被绿色的草地所替代，菩萨、弟子和天人们围绕着一方有莲花化生童子的池水席地而坐。

曹氏归义军晚期，由于长期的地域封闭，敦煌经变画艺术陷入

第29窟主室东壁北侧 西方净土变 西夏

了格式化的境地，出现了大量的"绿壁画"，使原本内容丰富的经变画沦为墙纸一般的程式化装饰画。直到西夏人从河西走廊上呼啸而来，打破了瓜州的地理阻隔，为走向末路的敦煌石窟艺术注入了新鲜的艺术血液，自此之后，西夏人开始集中精力营建榆林窟，所以才有了精彩绝伦的西夏秘密堂。

## 大理人的瓜州之旅

经过西夏人的苦心经营，榆林窟在夏仁宗时期成为西夏佛教的中心。史金波先生在榆林窟第12窟发现了一则"朝廷圣宫"的西夏文题记，由此可见榆林窟在西夏人眼中的崇高地位。在第19窟"秘密堂题记"所在位置的上方，写有另一则游人题记："大礼平定四年四月初八日，清信重佛弟子四人巡礼诸贤圣，迎僧康惠光、白惠登。男弟子刘添敬、刘克敬。"题记中出现了一个名为"大礼"的国号，有趣的是，《新唐书·南蛮传》记载云南诏王蒙世隆即位时，"遂僭称皇帝，建元建极，自号大礼国"，可见这里的大礼国就是后来的南诏国、大理国。题记的落款是"平定四年"，大礼国时期并没有这样的年号，陆离先生认为这里的"平定"年号应该是大理国宣宗时期的年号"安定"，安定四年即1198年。大理宣宗的名字叫段智兴，也就是《射雕英雄传》中的那位号称"南帝"的段皇爷，他的爷爷就是《天龙八部》里的段誉（原名段和誉）。1198年的瓜州正处于西夏的管理之下，大理和西夏分别位于西南丝绸之路和西北丝绸之路的枢纽区域，中间隔着宋、金、吐蕃等国家或势力，山高路远，现存史籍并没有两国交往的记录。但从第19窟的题记来看，大理国僧人和信徒四人在1198年的佛诞日来到榆林窟朝圣，反映了西夏和大理国之间的交流，填补了两国关系史的空白。陈玮先生认为康惠光等四人从大理国来到榆林窟的路线应该是：从本国北上，进入南宋巴蜀地区，再穿越蜀道，来到金朝统治的陇山地区，渡过黄河后再翻越乌鞘岭，最后沿着河西走廊一路向西，抵达瓜州。大理国高僧的巡礼榆林窟之路，穿过当时的大理、南宋、金、西夏等国，这不仅是大理人的朝圣之路，也是研究大理国和西夏交往的重要线索，反映了宋代丝绸之路的交通状况。

榆林窟第29窟因有"乾祐廿四年"纪年题记的佐证，成为敦煌西夏石窟中唯一一个有具体年代可考的标准窟。神秘的西夏王朝已经被尘封了数百年，一位名叫高崇德的小人物在划破翟氏衣袖的同时，也偶然间划破了关于西夏人的神秘封印，让后人能沿着秘密堂深邃且曲折的甬道，去探索西夏人异彩纷呈的精神原乡。

# 这就是自在

## 第 2 窟

> 榆林窟第 2 窟西壁门两侧所绘的水月观音像，以其深远的艺术境界和高超的绘画技法，成为敦煌地区水月观音绘画艺术的巅峰之作。

瓜州是河西走廊的咽喉要地，西夏从沙州回鹘的手中收复瓜州后，十分重视对瓜州地区的经营。天赐礼盛国庆元年（1069）左右，西夏在瓜州（今锁阳城）设西平监军司，瓜州的政治地位再一次超越敦煌。在西平监军司设置的四年后（1073），瓜州阿育王寺的惠聪和尚来到了榆林窟，留下了第 15 窟和第 16 窟的《榆林窟记》，此时的瓜州已经被纳入西夏的有效管理之下。在稳定的社会环境下，崇佛的西夏人开始了对榆林窟的经营活动，他们开凿的第一个洞窟应该就是榆林窟第 2 窟。

第N窟窟顶 蟠龙藻井 西夏

## 蟠龙藻井和文殊堂

藻井是古代木质建筑屋顶的一种结构，它通常位于室内的正上方，像一个伞盖一样，用细密的斗拱承托起来，象征着无边无际的天空，是中国古代"天圆地方"哲学思想的体现。张衡在《西京赋》中写道："藻井当栋中，交木如井，画以藻文。"因为木构建筑最怕火，在整个建筑的最高处作井，并装饰以菱、莲等藻类水生植物，就是希望能借以压制火魔的作祟，以护佑木质建筑物的安全。受中国古代建筑屋顶结构的影响，敦煌石窟中也出现了藻井。在敦煌石窟中，藻井是覆斗形洞窟窟顶的装饰部分。洞窟中藻井的装饰图案主要以莲花为主，在满足防火精神需求的同时，也是佛教净土世界的象征。唐代以后，龙王主水已经成为中国人的普遍共识，所以藻井中也就出现了龙的形象，以至于明清时期把藻井也称为龙井。

第2窟藻井井心中央绘一条蟠龙，正昂首张开大口，好不威武；蟠龙整个身形弯曲似"C"形，身体呈赤色，另用白色点出些许鳞甲，使整个龙身富有立体感；龙的四爪张开似正在搅动空中的云气，力度感极强；龙的周围用黑、白、红、绿等色相间点缀成逆时针旋转的小光圈和顺时针旋转的大光圈，再加上内部按顺时针飞腾的龙，共三个圆形闭环，像围绕恒星的卫星一般，轮回罔替，无有终始。圆环外绘出八朵舒展的云纹，构建了图像的空间背景，使得整个画面饱满，富有动感。井心外有13层边饰，分别为回纹、联珠纹、波状花卉纹、菱形花纹、小团花等。联珠纹用各种不同的颜色进行装饰，还富有明暗变化，立体感极强，一如龙王献出的龙

宫宝珠,又像夜空中的诸天星辰,围绕着藻井中心运转。这些纹饰繁简相间、简而不俗、繁而不乱,与中心动势极强的蟠龙形成方与圆、静与动的对比,再加上土红、石绿、铅白等色的合理穿插,装饰效果尤为强烈。整幅蟠龙藻井纹饰丰繁、动律强烈、设计新颖、寓意深奥,是西夏时期的经典之作。

从中唐开始,榆林窟洞窟壁面不再开龛塑像,而是于洞窟中央设中心佛坛,并于佛坛之上安置塑像。第2窟主室中心佛坛上的西夏塑像早已不存,现在保存的是清代重修的七尊塑像。居中的文殊菩萨正坐在青狮之上,目视前方;昆仑奴、善财童子以及两位胁侍菩萨,分别立于文殊菩萨身侧;最前方是韦陀和药叉大将正在护法。整铺塑像表现文殊菩萨出行时的场景。这铺塑像虽是清代重塑,但造型丰富、形象多元,是敦煌石窟清代塑像中的上乘之作。在塑像后的正壁中央绘有一幅新样文殊,西夏壁画与清代塑像交相呼应,学界据此推测这个洞窟原来的塑像也当是文殊菩萨及其眷属。正因如此,第2窟亦被称为文殊堂。

第2窟东、南、北三壁保存有八幅说法图。说法图沿用了敦煌壁画中常见的一佛二菩萨的组合。胁侍菩萨的身前和身后都有众多的弟子、菩萨、天众围绕听法,还出现了此前说法图中从未出现的女性形象,充满世俗气息。说法图绘制得极为细腻,无论是人物还是器物,全部用繁复的线条勾勒,然后再经过细致入微的晕染而成,堪称敦煌壁画中最精细的说法图。尤其是佛陀座下的莲花,画家甚至将莲花的花脉都勾勒得清晰可见,再经过多层次的晕染,让蓝色的莲花通体透亮,似乎是用琉璃制成的。仔细观察还会发现，这八幅说法图在用色种类上有自南向北逐渐递减的特殊现象，南侧壁画用色最为丰富，颜色绚丽，而逐渐往北侧时，壁画的整体用色似在减少，逐渐趋向淡雅，甚至出现部分的白描。这一特殊现象可能是由于颜料不足造成的。壁画的绘制工作一开始各色颜料充足，所以一开始绘制的壁画用色最为丰富，但随着绘画活动的进行，颜料的总量和种类越来越少，画工不得不用仅剩的几种颜料来填充后期所绘壁画，所以这部分壁画的设色就相对简单一些。

## 水月观音

在第 2 窟西壁门两侧，绘有两幅水月观音图。北侧的画面中水月观音斜倚在水岸边的岩石上，左手抚膝，右手持飘带自然伸到胸前，正仰望着夜空中的一轮新月。观音被圆形的透明身光笼罩，而月亮的清辉却被天空中的朵朵云彩遮掩。最独特的是那朵垂云，许是画师使用的颜料过多，导致颜料从云层上流淌下来，把云的"垂"画得淋漓尽致。一滴蓝色的青云垂落下来，与底部的海水相呼应，尺寸之间，烟波浩渺，这正是观音居住的南海之畔。海面上一个小童子正踏着七彩祥云而来，双手合十向观音礼拜，表现的是善财童子到普陀珞珈山参拜观音的情节。善财童子不远处的山上画了玄奘和牵马的石槃陀礼拜观音的场景，这就是敦煌石窟中十分有名的玄奘取经图。正是因为这类观音图中有水、月、观音三个要素，因此被称为水月观音图。水月观音的形象是中唐著名画家周昉所创，他曾在唐

第二窟主室西壁北侧　水月观音　西夏

第2窟主室西壁北侧 水月观音

长安城胜光寺画水月观自在菩萨。张彦远在《历代名画记》中记载："衣裳劲简，彩色柔丽。菩萨端严，妙创水月之体。"之后，水月观音像逐渐在全国流行开来，还曾一度流传到了日本。虽然这一幅水月观音绘于西夏时期，但观音的形体仍旧是丰腴的唐代风格，应该是西夏画师对周昉绘画风格的继承。

西夏人十分善于学习，西夏艺术在很大的程度上都受到了宋代文人画的影响。观音背靠太湖石，具有"皱、漏、瘦、透"之美的太湖石，宋徽宗最为喜欢。宋徽宗为了修建皇家园林——艮岳，从南方运来大量的太湖石，正是因为宋徽宗的推崇，这种石头也成为宋代山水画中经常出现的元素。太湖石的后面露出几棵翠竹，竹叶用深浅不同的绿色晕染出明暗不同的光影变化，这是北宋著名画家文同的画法，即米芾在《画史》中所说"画竹叶以深墨为面，淡墨为背，自与可始也"。宋代以后，竹子和太湖石常常组合在一起出现，甚至出现了"竹石图"这一类绘画题材，以表现宋代文人对自身品格的追求。而此时的观音也不再是神秘佛国中的菩萨，更像是隐居在竹林中的君子，是佛教中国化的生动体现。气候干旱的西北地区是种不出来竹子的，西夏时期也没有运来太湖石，但榆林窟却出现了太湖石和文同竹的形象，这是西夏绘画艺术向宋代文人画学习的生动例证。

这幅壁画右下角的玄奘取经图，除壁画颜料层有轻微的剥落外，整体保存较为完整。为首的玄奘身披褐色袈裟，内穿宽袖长袍，腰间束有腰带，腰带两端垂于脚部，脚着平底麻鞋，双手合十，正站在河岸边礼拜观音菩萨。

第 2 窟主室西壁北侧 水月观音 玄奘取经图

玄奘身后紧随一胡人，高鼻深目，头发浅棕，头上戴有束带或头箍，身穿淡绿色圆领短衫，腰间束腰带，并系灰色蔽膝，下身着黑色长裤，画面小腿至脚处剥落严重，隐约可见绑腿和麻鞋。他挽起袖口，右臂举至额头处，呈眺望状，左臂弯曲，左手放于胸前。左臂下方有一绳子系在身后马头部，马匹呈黑色，仅露头部与颈部的一小部分。这匹马的颜色原来是红色，现存壁画中还能看到一点点红色的色斑，是因为铅红氧化变色而呈黑色。画面周围环境除平整的河岸之外，上方还有几棵小树。西夏人对玄奘十分推崇，所以在河西走廊上西夏时期开凿的石窟里，共出现了七幅玄奘取经图，这些图像比《西游记》的问世早了300多年，是研究玄奘和《西游记》的重要图像资料。

南侧水月观音像中的山水背景也是竹石图，区别在于太湖石更瘦，直插云霄，显得十分挺拔。观音坐在吉祥草上，头戴宝冠，蓝色的头发披在两肩，随风而动，飘逸自在；观音项饰璎珞，腰系长裙，右臂轻轻搭在屈起的右膝上，手中轻拈串珠，左手抚着岩石，目光下视，正凝视着眼前的一汪碧水。观音的对面是前来参拜的龙女，这是佛教艺术晚期才出现的形象，与善财童子一同组成观音身边的金童玉女，从而催生了求子观音形象的出现。

与窟门北侧水月观音图不同的是，这幅壁画中并没有出现月亮。其实，这是洞窟设计者刻意营造的，佛教修行讲求破掉"物执、我执、空执"，这幅壁画刻意不画月亮，就是表示修行已经破掉了对事物的执念。身光将整个观音包含其中，恰似一个满月的月轮，观音从这明镜般的身光中化现

第八窟西壁南側 水月観音 西夏

第 2 窟主室西壁南侧 水月观音

出来，达到了"物我两相忘"的境界。画师把身光内部空间晕染成蓝色，从现实的景物中营造出一种虚幻的化境，似乎这是一方铜镜，当正面观想观音菩萨时，观音菩萨自然从此中化现出来。身光外有云、石、竹、流水和飞鸟，整个画面亦幻亦真。画面中观音菩萨的头冠、璎珞和半裸的上半身都采用了沥粉堆金的工艺，即以胶、泥合成沥粉，等沥粉干透后，再涂胶水于沥粉的线纹上，最后贴以金箔。沥粉堆金的技法使二维平面的画上出现三维立体的局部，从壁面上突出来的璎珞和金色头冠给菩萨更增添了雍容华贵之感。

整个画面表现了观音菩萨在山林水石之中观想的场面，这种观想需要非常安静的环境，画师巧妙地在观音菩萨的对面画了两只小鹦鹉相互追逐嬉戏的场面，使画面达到了"蝉噪林逾静，鸟鸣山更幽"的意境。天空中的云霞更瘦，云霞大多用红色或黄色染成，与飞鸟一起组成"落霞与孤鹜齐飞，秋水共长天一色"的意境。在如此幽静的环境中，观音菩萨正在凝神思考，值得注意的是，菩萨的嘴唇微启，似乎露出浅笑，这正是得道之后的会心一笑。也正是因为观音菩萨心中再也没有了挂碍，画面中也就没有了月亮，所以才有这种左手杵地，右手惬意地搭在膝盖上的自在坐姿，没错，这就是观自在！白居易也曾体会到了这层意境，所以才会有"净渌水上，虚白光中，一睹其相，万缘皆空"名句的诞生。

除此之外，这幅壁画整体的绘画水平也十分高超。在用线方面，画师在观音菩萨的红色罗裙之上用白色的颜料勾勒出流畅的细线条，仿佛罗裙

水月观音 敦煌莫高窟藏经洞出土

上有一层白纱，白色的线条在罗裙不同的部分呈现出不同的褶皱变化和光影变化。走近观察更会发现白色细线的绘制自然流畅，且都是一笔勾勒而成，由此可见画师线描功底之深厚。衣裙下面的飘带和璎珞自然垂落，被湖面的微风轻轻吹拂，动感十足。在用色方面，画面中的蓝色颜料使用的是珍贵的青金石。在西夏时期，这种颜料只能从中亚地区进口，原产自阿富汗的萨尔桑山区，因为这种宝石中含有微量的黄铁矿，灿若金星，因此被称为青金石。这幅画大量地使用大色块染色，通过厚重迅疾的染色技法体现出山石粗糙的质感，使其和细腻的线条有了很巧妙的粗细对比，粗中有细，粗细相济。染色的明度跳跃很大，从明度低一点的石

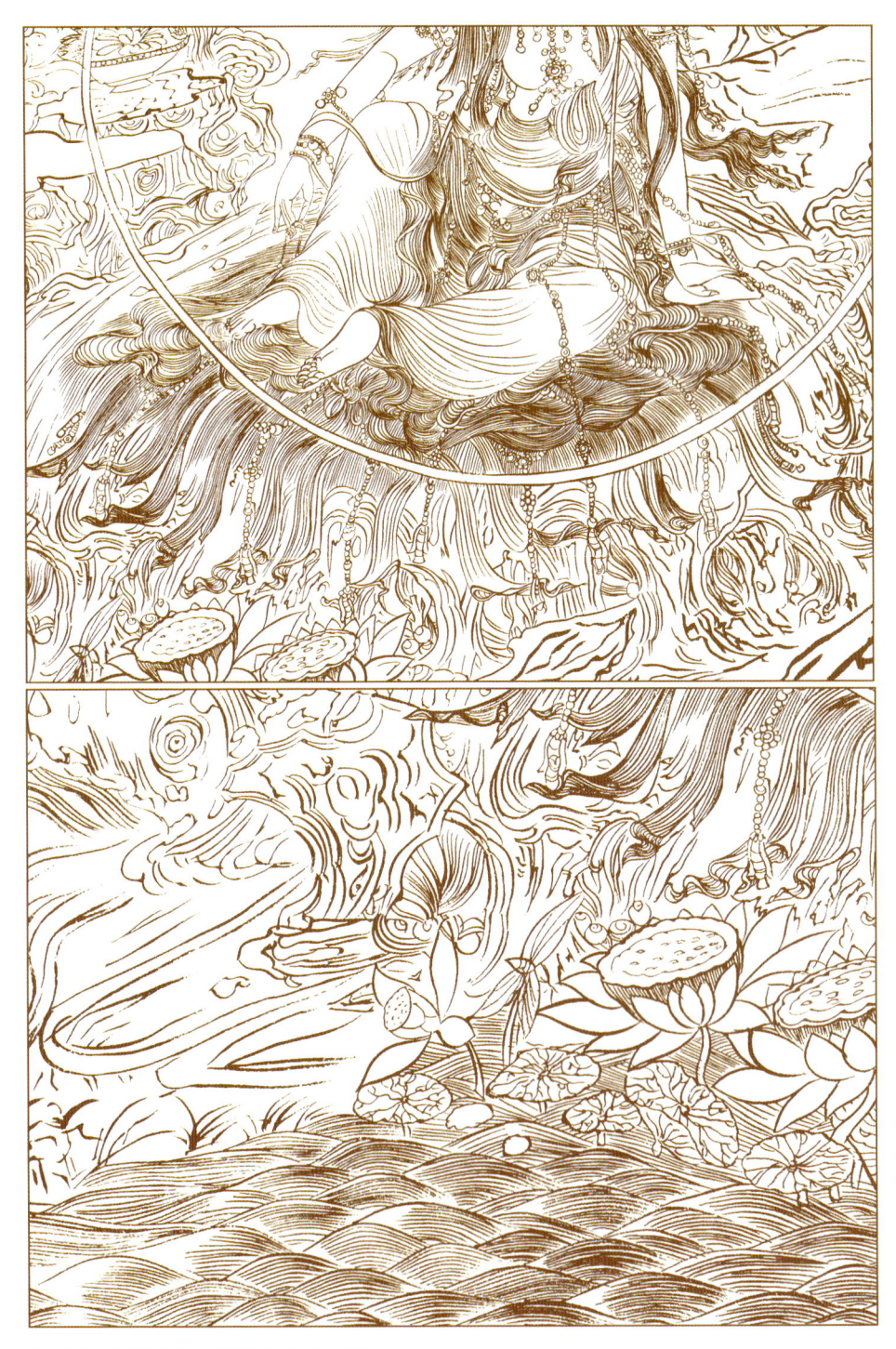

第 2 窟主室西壁南侧 水月观音局部线描细节图

青和石绿，再到明度很高的黄色和红色，甚至到观音菩萨身部的沥粉堆金，达到明度的巅峰，极富色彩层次。在构图方面，两幅水月观音像中将人物和山水布局到画面的一角，在对角线的另一侧留出不着色的天空，正是中国古画中的"留白"技法。绘画的留白技法起源于书法，书法讲究"疏密"，疏，就是简练，就是留白。在有限的壁面上留出一点空白，就让本来有边界的画面容纳了无穷无尽的空间，给观者留下了回味无穷的想象世界。同时，留白可以减少构图太满给人的压抑感，从而引导观者把目光聚焦到主体的身上。这种以无胜有的留白艺术，正是西夏人学习南宋时期十分流行的"马一角""夏半边"绘画艺术的生动例证。

五代、宋时期，水月观音信仰十分流行，在中国境内的石窟和绢画中保存了大量的水月观音像。以敦煌石窟为例，现存的以水月观音为题材的壁画29幅，塑像1铺，绢画5幅，共计35幅（铺）。在榆林窟，水月观音的形象最早出现在五代时期开凿的第38窟前室西壁窟门顶部，两幅水月观音像以对称的形式出现，之后的沙州回鹘时期也有出现。到了西夏时期，水月观音更为流行，第29窟正壁同样出现了两幅水月观音像，只可惜这部分壁画病害严重，现在的保存状况十分不好。在榆林窟第5窟前的四方塔里，保存着敦煌石窟唯一的一铺清代水月观音像，这是敦煌石窟中出现时间最晚的水月观音像。在上述的水月观音像中，榆林窟第2窟的两幅水月观音像以其深远的艺术境界和高超的绘画技法，成为敦煌水月观音绘画艺术中的巅峰之作。

# 西夏人的宇宙

## 第 3 窟

榆林窟第 3 窟从内容上看，既有汉传佛教内容，又有藏传佛教内容，是西夏人多元文化和宗教信仰的集中体现，显现出中国文化海纳百川的磅礴气魄。

榆林窟第 3 窟和第 2 窟虽然同属西夏时期开凿，但壁画的艺术风格却大相径庭。宋代，密教在雪域高原上重新焕发活力，没有原始宗教的西夏人，拥有与生俱来的包容之心，河西走廊与藏区仅仅隔着一座祁连山，于是，崇信佛教的夏仁宗就在 1159 年邀请密教高僧来到西夏。由于统治阶层的推崇，密教在西夏境内很快传播开来，逐渐成为西夏佛教的主流，榆林窟第 3 窟就是在这样的文化背景下开凿的。

第 3 窟窟顶为穹窿顶，可以扩展洞窟顶部的空间，让有限的室内空间变得更加深远。窟顶中央绘五方佛曼荼罗，五方佛曼荼罗的外围有三层圈，外圈称为"外坛场"；中圈内画了密教的法器金刚杵，是表示妖魔不能进入的"金刚界道";内圈由各色的莲花瓣组成,即"杂色莲花道"。圈内是一座城,城有四门,城门口各有一位明王把守。城里面是内院,用等边三角形将内院分成了四个区域,分别指示东、南、西、北四个方位,颜色分别是东白、南青、西红、北绿。与之相应的四个方位分别画了东方阿閦佛、南方宝生佛、西方阿弥陀佛、北方不空成就佛,中心位置是大日如来。

综上所述,窟顶象征着天空,五方佛曼荼罗为第3窟营造的佛教宇宙奠定了基本方位,坛城之外的四角都出现了金刚杵,代表了它统摄全窟的功能。沿着金刚杵所指的洞窟四角,分别绘制了有助于人解脱恶道轮回的恶趣清净曼荼罗(南壁西侧)、保佑获得长寿没有疾病的尊胜佛母曼荼罗、接引灵魂的摩利支天曼荼罗和解脱轮回的金刚界三十七尊曼荼罗。这些绘制于西夏时期的神秘密教壁画,存世量极为稀少,保存如此精美的更是世所罕见,故而是研究藏传佛教及其艺术十分重要的图像资料。

## 文殊变和普贤变

第3窟主室西壁门两侧分别绘文殊变和普贤变,这是西夏画师对传统敦煌壁画艺术的继承。文殊菩萨专司智慧,称为"智慧第一",与"德行第一"的普贤菩萨是释迦牟尼佛的两大胁侍菩萨。文殊变位于西壁门北侧,画面分为三个部分,上段是一幅浑厚苍古的水墨山水画。画师熟练运用山水的各类皴法,画出蓬莱仙山般的奇峰怪石,山石之上用石绿染出傲立绝壁的苍松危树,让本来肃杀的山景有了生机。山峦之间露出寺院屋檐的一

第山窟西壁北側 文殊变 西夏

地不分内外
神何别古今
九居血气类
谁敢不尊亲

天王

角,颇具"深山藏古寺"的意境。画面中间的山峰,巍峨雄壮,中部山腰上一座雄伟的宫殿掩映在烟云之中,一道灵光从山门中射出,给整个画面更增添了神秘的色彩。一座虹桥横跨于一高一低两山之间,似登天之梯,有七位菩萨正双手合十,登上虹桥。画面中共出现了五座山峰,这就是文殊菩萨的道场——五台山,而在虹桥右上方的圆光中,就有文殊菩萨从道场中化现的场面。

画面中段是文殊菩萨出行图,云端之上一共出现了13位人物,这与第29窟的组合一致,可见这是西夏时期独创的新组合。文殊菩萨手持如意,游戏坐于青狮之上,青狮回头看向牵它的于阗国王。有趣的是,这里的于阗国王身穿西夏人的服饰,这是人类造神的常见逻辑,难怪古希腊著

文殊菩萨

菩萨　　　　　　　　　　　　　　　　　　天人

名的哲学家色诺芬尼说"如果牛能想象神，那它们的神一定像牛"。青狮的身后是两身天王正在随行护卫，身前是肩扛锡杖的佛陀波利和拄着拐杖的文殊老人，文殊老人手捧经书。宋代流行造神运动，这里显然将这两位也纳入文殊圣众里面了。佛陀波利身前站着一位菩萨和两位天人，为首的

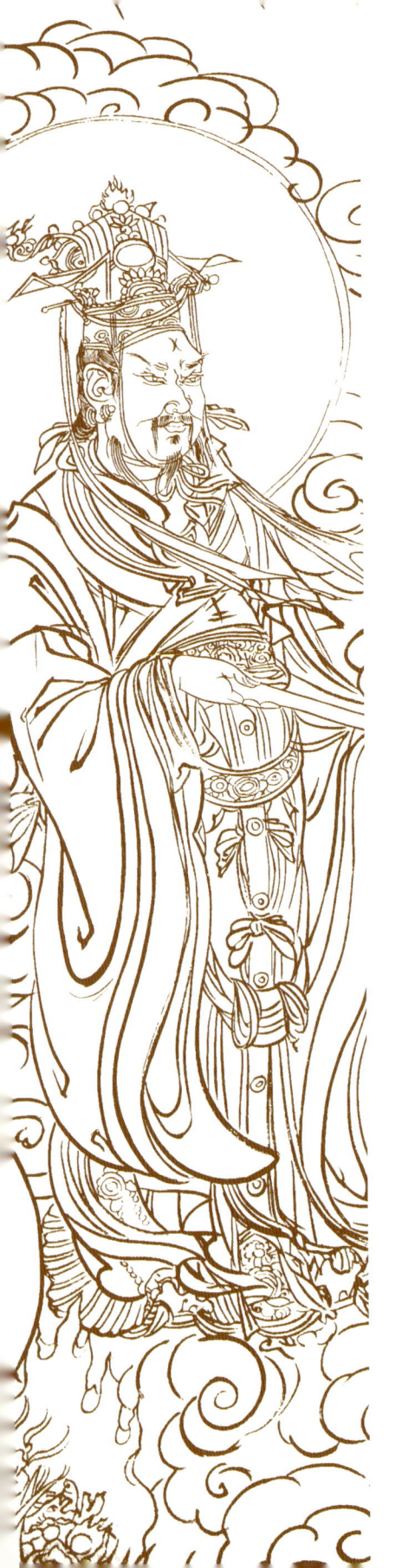

一位手持香炉正在前方引导,身后的天人头戴通天冠,腰挎天子剑,俨然是帝王的形象,他就是佛教诸天之主——帝释天。文殊老人的前方有一位捧着供盘的天人,盘中有珊瑚、象牙、宝珠等物,正是供养佛陀的贡物。画面的最前方是一身站在莲花上的小童子,全身赤裸,留着西夏孩童常见的秃发,这个手捧莲花的童子就是善财童子。善财童子的对面有一身菩萨,正拿着麈尾匆匆赶来,一身胖乎乎的药叉手举着供盘紧跟其后。值得注意的是,供盘里正插着象牙及珊瑚的瓶子是经典的龙泉窑蒜瓣瓶。龙泉窑是宋代名窑,因其主要产区在浙江省龙泉市而得名。龙泉窑以烧制青瓷而闻名,胎质较粗,胎体较厚,釉色淡青,釉层稍薄,这种器物在榆林窟出现,是西夏与南宋之间贸易交流的一个重要见证。

  画面的下段是茫茫大海,波涛之上

第3窟西壁北侧 文殊变 善财童子 西夏

云蒸霞蔚，一位身体强健的药叉头顶巨大的莲花供盘，身后有五位手持笏板的天人正躬着身子，望向远处。枯树之下，有一位挂着拐杖穿着蓝衣的老人，左手抬起正指向气势浩大的文殊菩萨出行队列。

除以上的景物和人物之外，画面中还出现一些有趣的神兽。比如文殊

龙马 敦煌莫高窟藏经洞出土

变下方天王脚下的海水中，出现了两条肥硕的鲤鱼，一条鱼已经浮出水面，另外一条鱼则正从水波中探出头来，憨态可掬。值得注意的是，其中一条鱼竟然有三只眼睛，显然是条神鱼。另外，在善财童子的下方海水中出现了一只神龟，在神龟的背上发现了一些汉字数字，确认这就是中国传统神话中的"神龟驮书"。相传大禹治水时，洛河中浮出神龟，背驮"洛书"

献给大禹，大禹依此治水成功，并划天下为九州。与此同时，在普贤变的左下角还出现了一条龙的形象，这应该是伏羲时代从黄河中浮出的背负"河图"的龙马，伏羲依此推演出八卦，藏经洞出土的文献中也出现了类似的形象。

门南侧绘制普贤变，画面依旧是三段式构图。画面的上段也是一幅水墨山水画，描绘的是普贤菩萨道场峨眉山的场景，与五台山的雄奇苍劲有所不同的是，峨眉山则呈现出秀丽清雅特质。低处的山坡上绿树成荫，怪石和林间隐藏着进入深山的幽静小路，路的尽头有扎着篱笆的小院，也有泥墙围成的草堂。山腰上骤然起雾，雾气蒙蒙之中隐约露出隐藏在山崖间的古刹，佛殿之后是一条如白练般的瀑布，一泻而下。两座山峰拔地而起，直插云霄，山峰之上白墨点点，画师使用弹雪法点缀出漫天飞舞的雪花，宛然一幅峨眉雪景图。

第 3 窟西壁南侧 普贤变 西夏

普贤菩萨

画面的中段是普贤菩萨出行图。普贤菩萨手执梵箧坐于六牙白象之上，白象踩踏在莲花上，昆仑奴双手紧握缰绳用力拉曳着白象。白象身后有两身天王随行，天王的身旁有一位身穿白衣、头戴东坡巾的老人，这便是文殊老人。文殊老人为何会出现在普贤变中呢？原来由于文殊菩萨信仰的流行，普贤菩萨也受到了影响，所以在西夏时期所绘的普贤变中常常出现原本属于文殊变的圣老人形象，甚至山水画上部的普贤化现图中还出现了佛陀波利。白象的前方是一位菩萨和三位天人，为首的两位天人分别手捧花瓶和供盘在前面引导，居中位置手持笏板的正是大梵天，他本是印度教的创造之神，被佛教吸纳之后成为佛教的护法神。画面的右下角，站在莲台上正回望普贤菩萨的是善财童子，在《华严经·入法界品》中，详述善财童子五十三参的经过，善财童子第一位参

罗汉

第3窟西壁南侧 普贤变 药叉

拜的是文殊菩萨，所以在文殊变中出现的善财童子还是裸体婴儿的形象；最后一位参拜的是普贤菩萨，此时的善财童子已经长大，昂首挺胸地站在彩云之上，自信满满。善财童子的身后分别是负经罗汉、菩萨和手捧着供物的药叉。中部除了普贤出行图之外，在天王旁边的河岸上还有一组人物，为首的是一位僧人，身后紧跟着一位猴行者和一匹白马，这就是著名的玄奘取经图。

画面下段的海景图中，岸上有一座雄伟的寺院，寺院旁侧杨柳依依。水面上出现一朵绿色的祥云，一位天人带着两位天女正乘云而来，他们都手捧供盘。天人的身后有两身药叉，为首的一身手捧装有宝珠的供盘，正看向大海，后面的一身右手持宝珠，左手持短棒，正仰着头，望向普贤菩萨。

## 千手观音

在洞窟的东壁，保存有两幅观音变相。北侧绘十一面千手千眼观音变，大乘佛教中的菩萨按照修行程度的不同分成十个等级，十一面观音象征着观音菩萨修完了"十地"，成功地到达了第十一地——佛地。因此，在菩萨像的上面是一个嗔怒相的青色菩萨像，最上面是一个佛头，佛陀的眉心处放出两道光芒，阿弥陀佛出现在画面的最顶端，代表了观音菩萨即将在阿弥陀佛涅槃之后成佛，成为西方极乐世界的接任者。佛教中的"千"为无量及圆满之义，"千手"表示菩萨无尽的慈悲，"千眼"表示菩萨智慧的圆满无碍。

莫高窟第三窟 千手千眼观音变 西夏

东壁南侧绘五十一面千手千眼观音变，这是敦煌石窟中的唯一一例，十分珍贵。这幅壁画中观音手中的器物共计108种224件，除了一件不可识读外，其余的器物都清晰可见。

佛教中将因明、声明、内明、医方明、工巧明合称为"五明"，是菩萨必修的五种学问，其中的工艺、技术和历算都包含在工巧明中。这些持物中有人物、动物、植物、乐器、兵器、法器、法物、宝物、建筑、宝池花树、交通工具、生产工具、生产活动场面等，正是表现了菩萨工巧明的方面。当然，这些物品在西夏壁画里出现的意义还不止于此，108种物品真实地展现了西夏社会生活的各个方面，是研究西夏文化的珍贵资料，我们接下来看看部分细节。

冶铁图：图中竖立着高大的立柜式风箱把画面一分为二，风箱一侧一人穿小口裤子，脚蹬麻鞋，正双手拉动风箱鼓风。风箱的另一侧，两个人正在锻铁，一人拿着钳子夹住放在铁砧子上的铁块，另一手高高举起大铁锤正准备使劲击打铁块，对面的另一人也高举铁锤正在蓄力。值得注意的是，这种立柜式风箱上装着两个竖长的活动木板，通过木板的一前一后交替开合来推动空气流动以连续鼓风，是古代持续鼓风技术的重要发明。铁的熔点是1535摄氏度，然而，木炭的燃烧温度最高能达到1200摄氏度，这是在古代物理条件下不可逾越的物理极限。为了使温度能够尽量接近铁的熔点，鼓风技术的进步成为提供持续高温的突破点，原始的皮囊鼓风和活塞式木风箱无法持续鼓风，西夏立柜式双木风箱则完美地解决了这个问

第3窟东壁南侧 五十一面千手千眼观音变 冶铁图 西夏

题。鼓风技术的进步促进了西夏冶铁和铸造技术的发展。西夏的军事工业十分发达，以善铸剑而闻名，夏国剑更是有天下第一的美誉。宋朝的最高统治者以及很多文人学士都以得到夏国剑为荣，宋钦宗本人随身佩带的尚方宝剑就是夏国剑，苏轼对夏国剑更是爱不释手。

酿酒图：画面中有两位妇女，一人蹲在灶火前，左手正往熊熊燃烧的火中添加薪柴，右手拿着竹筒准备随时吹火，她身边的空地上摆放着高足碗、酒壶和木桶。另一个妇女站在塔式蒸馏器旁，一手扶在灶膛上，一手举着酒杯，望向烧火的妇女，似乎在告诉烧火的妇女自己品尝了美酒后的美好感受一样。我国酒文化源远流长，战国时期的《世本·作篇》中记载"仪

第3窟东壁南侧 五十一面千手千眼观音变 酿酒图 西夏

狄始做酒醪，变五味"，这是关于造酒最早的文字记载，而且当时所造之酒只能是发酵秫子做成的酿造酒（也叫发酵酒或黄酒），绝不是蒸馏酒（也叫白酒或烧酒）。明代李时珍在《本草纲目》中说："烧酒非古法也，自元时始创其法。"而本图中的塔式蒸馏器绘制于西夏，将中国蒸馏器的使用历史提前了100余年。这幅酿酒图的出现与瓜州悠久的酒文化息息相关。如今的瓜州县隶属于酒泉市，酒泉就是因为"城下有金泉，泉味如酒"而得名。此后，爱喝酒的诗人们都为酒泉写过诗篇，比如李白就曾写道"天若不爱美酒，酒星不在天。地若不爱美酒，地应无酒泉"，还有诗圣杜甫的"道逢麹车口流涎，恨不移封向酒泉"，看来杜甫也特别喜欢饮酒，甚至想要被封到酒泉郡当官。清代的程世绥在描写酒泉的泉水时说"芬芳不减洞庭春",由此可见泉水的口感极佳,正是因为本地酒文化源远流长,酿酒技术经过长期积累,才有了这幅著名的酿酒图。

  五十一面千手千眼观音经变,敷色简单,强调和突出线描的造形作用和艺术效果,运笔柔美舒放,堪称同类绘画中的上品。更为重要的是,壁画内容丰富而写实,包罗万象,是历代经变画都无法比拟的,它超越了佛经对图像内容的规范,不再拘泥于经典,在千手观音的基础上大胆创新,是西夏画家们的独创,也是这幅壁画具有珍贵历史和艺术价值的关键所在。整幅壁画以观音之手展现了神秘西夏王朝的历史截面,是时代背景下的社会实况写照,是被定格了的历史现场。它像西夏人为自己的生活拍摄的纪录片一样,用一种突破范式的粉本创新,精准地展现了西夏人的物质生活场景,是研究西夏历史文化的重要资料。

# 五台山与峨眉山

## 第4窟

> 第4窟是敦煌石窟中十分珍贵的密教洞窟，也是榆林窟晚期艺术的分水岭，自此之后的500年中，榆林窟再也没有出现能与之比肩的壁画艺术。

776年，吐蕃占领瓜州之后，刚刚成熟的吐蕃艺术就已经出现在了榆林窟的洞窟里。400年后，沉寂了数百年的藏传佛教艺术受西夏人的推崇再一次出现在河西走廊，造就了敦煌石窟艺术的又一巅峰。蒙古人占领河西走廊之后，在继承藏传佛教的同时，也在西夏艺术的基础之上继续学习和创造，延续了敦煌晚期石窟艺术的薪火，榆林窟第4窟就是在这样的历史文化背景下应运而生的。

## 密教的世界

榆林窟第4窟的洞窟布局和壁画内容与第3窟十分接近，仍旧是由曼荼罗所主导的一个密教世界，是河西走廊上的元代人对西夏艺术的传承。第4窟窟顶沿用了敦煌石窟经典的覆斗顶，由于曾经遭受过地震的重创，所以窟顶壁画有小部分脱落和开裂的现象，但仍然保存下了精美的元代装饰画，井心绘九佛藻井曼荼罗，窟顶四披用各种纹饰装饰，设计精巧，设色华丽，与西夏时期开凿的第10窟窟顶内容十分相似。

在洞窟的中央，设四方形双层佛坛，佛坛上现存清代重塑的五方佛塑像，分别是中央毗卢遮那佛、西方阿弥陀佛、东方阿閦佛、南方宝生佛、北方不空成就佛。佛坛的四角分别塑一身明王，手持各类法器，正怒目圆睁，守护着坛城。佛坛上的塑像几乎就是第3窟窟顶五方佛曼荼罗的立体呈现，也与窟顶的九佛曼荼罗遥相呼应。画师在洞窟的东、南、北三壁绘制了9幅密教壁画，有文殊曼荼罗、释迦牟尼说法曼荼罗、二菩萨说法曼荼罗、观音曼荼罗、绿度母曼荼罗等。尤其是其中的绿度母像，全身用宝贵的石绿染成，再用弹性十足的线条描绘出身体的轮廓，坐姿优美而神秘，是敦煌壁画密教图像的代表作。

度母，全称为圣救度佛母，是藏传佛教中的女神。在密教中，观音菩萨化身的度母共有21尊，绿度母是其中之一。相传已经修行到佛陀境界的观音菩萨为了救度众生，甘愿继续以菩萨的身份下凡帮助人们脱离苦海，当观音看到人间的种种生老病死之后，不禁落下了悲悯的眼泪。眼泪落下后变成了莲花，紧接着莲花中便化现出21尊度母。第4窟绿度母的下方是一个水池，中央是一朵莲花的根茎，从两侧生长出来的莲花上分别有一

第一〇窟窟顶 西夏

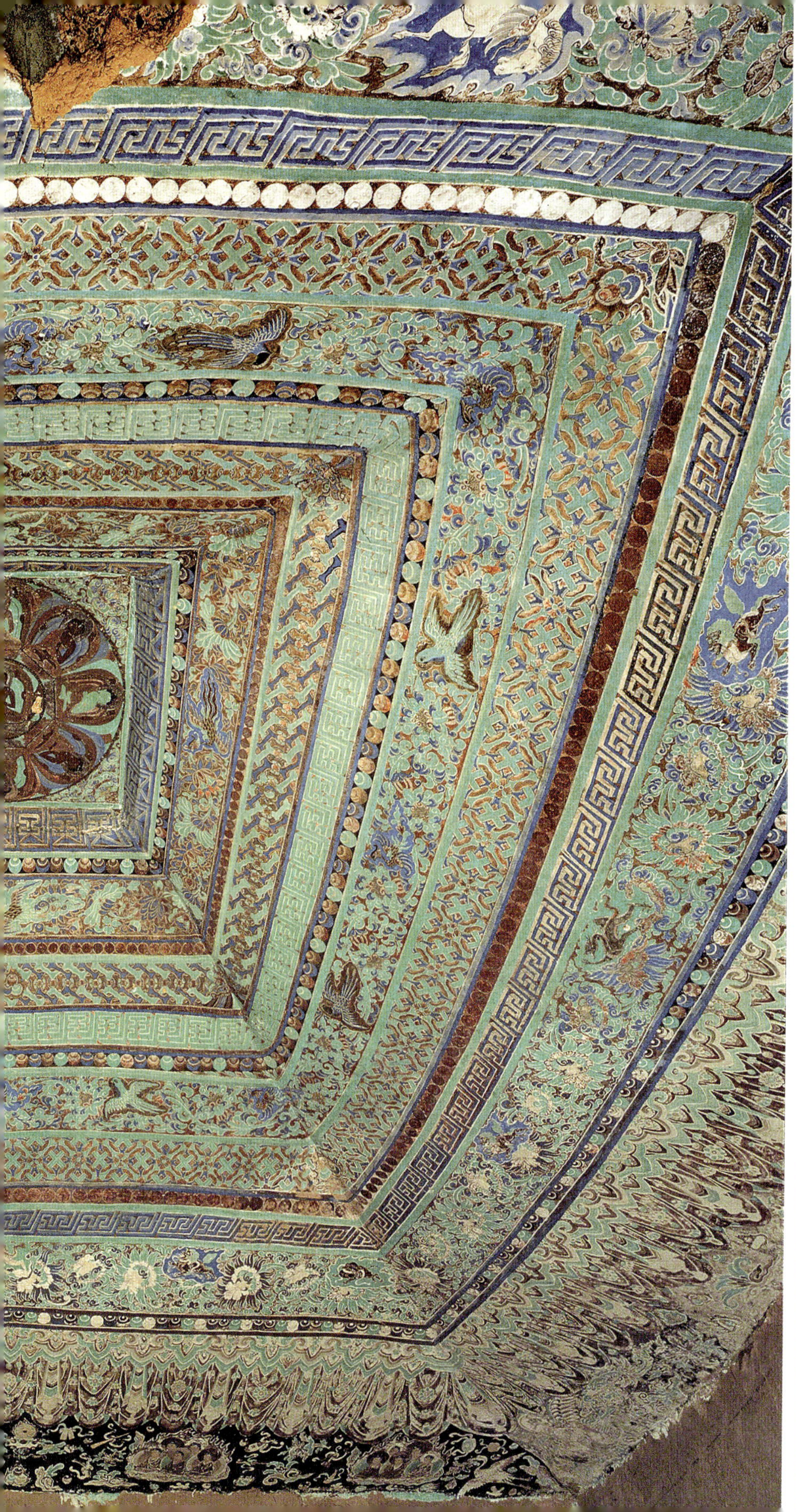
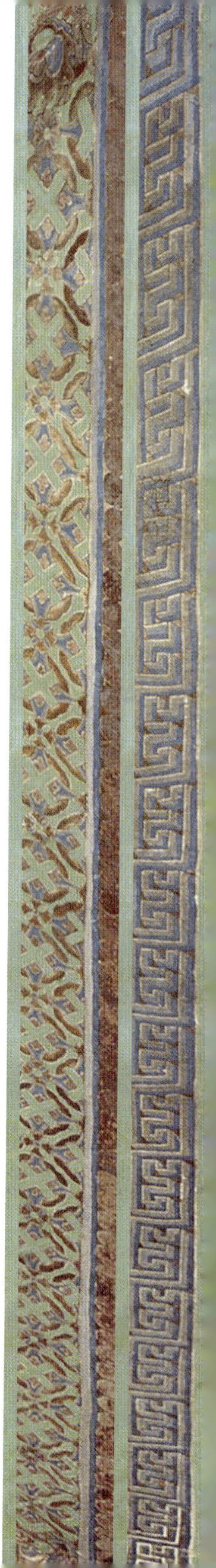

第４窟北壁西側 綠度母曼荼羅 元

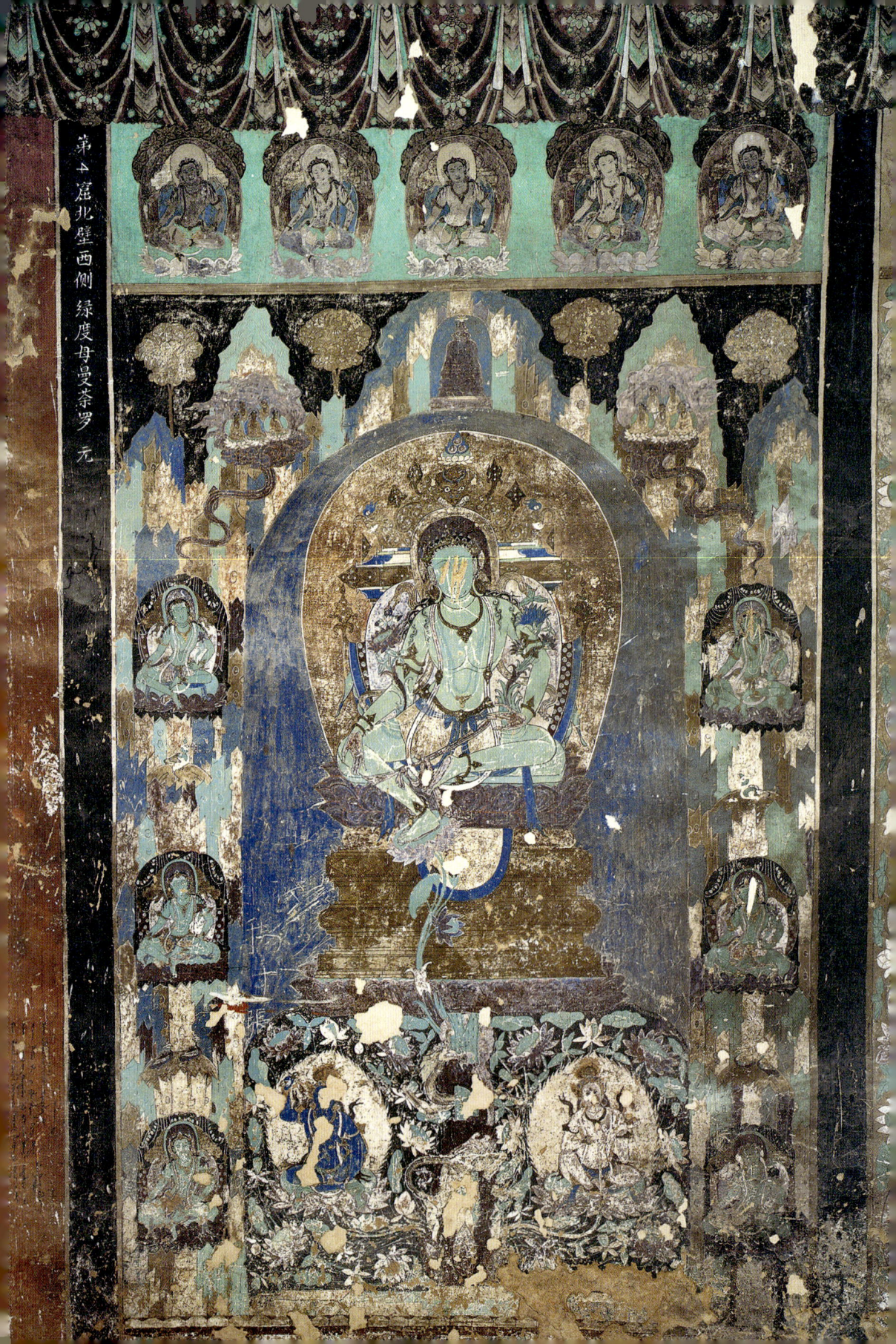

身蓝色和白色的明王,中间的莲花根茎上有一条金色的龙,正在守护莲花。中间的根茎也有两朵莲花,一朵大莲花上出现了一个华丽的须弥莲花座,另一朵莲花则被绿度母踩在脚下。整个画面表现了绿度母在山中禅定修行的场面,两侧的山峰间也出现了类似的六个圆券形龛,龛内各有一身绿度母。令人叹惋的是,主尊绿度母的面部在后期被划花了。

在青藏高原,度母被认为是所有崇信佛法、虔诚贤良女子的化身,藏语中的"卓玛"就是度母的意思。在吐蕃历史上,最著名的两位女性就是嫁给松赞干布的唐朝文成公主和尼泊尔尺尊公主,正是她们带来的先进文化和生产技术,让吐蕃王朝强大起来,所以后来藏族群众认为文成公主就是绿度母的化身,尺尊公主则是白度母的化身。尺尊公主之所以能与文成公主拥有同等地位,是因为度母信仰是随尺尊公主入藏而传入吐蕃的,她不仅带来了藏传佛教历史上第一尊度母像,而且将尼泊尔的密教艺术带到青藏高原,从而成就了藏传佛教艺术。后来,这种艺术风格在吐蕃、西夏、元代时期都曾翻越巍峨的祁连山,来到了敦煌。

瓜州作为河西走廊的西部咽喉,怀着自汉代以来继承的开放精神,积极拥抱了这种来自雪域的神秘艺术。于是,在第4窟东壁北侧的说法图中,我们看到了这样的场景:莲花座上的佛陀是以经典的藏传艺术风格所绘;两侧的阿难和迦叶是以中原汉传的经典罗汉像呈现;阿难和迦叶身旁的8位听法菩萨是以来自尼泊尔的艺术风格所绘;最下面出现的16身天众又是道教仙神的绘画风格,与山西永乐宫的壁画风格十分相似。由此可见,

第十窟东壁北侧 说法图局部 元

榆林窟在元代依旧张开广博的胸怀,迎接着艺术领域的八面来风。

## 五台山与大白塔

在第 4 窟西壁门两侧,依旧绘制文殊变和普贤变。画面依然分为上下两个部分,上部为山水画,与第 3 窟不同的是,这里绘制的是青绿山水;下部是人物出行图,人物不再是白描,敷彩华丽,人物肤色部分已氧化变黑。《文殊师利法宝藏陀罗尼经》中记载,释迦牟尼佛对金刚密迹主菩萨说"我灭度后,于此南瞻部洲东北方,有国名'大振那'。其国中有山,号曰'五顶'。文殊师利童子,游行居此,为诸众生,于中说法"。后来,中国代替印度成为新的佛教中心,于是开始在中国大地上寻找相对应的菩萨道场,山西五台山因由五座山峰环抱而得名,因此人们认为"五顶山"指的就是五台山,五台山遂成为文殊菩萨的道场。

北魏时期,五台山上的佛事已经兴盛起来,随着《华严经》的流行,文殊菩萨的地位越来越重要,五台山也受到人们的重视。到了唐代,五台山成为仅次于长安的全国佛教中心。元代,因为八思巴的推崇,五台山在佛教界的地位进一步提升，第4窟文殊出行图的上部就是一幅五台山图。这部分画面目前的保存状况不佳，绝大部分被前人涂抹，但主要内容保存完整。因为泥壁的空间所限，只画出三座山峰，山下树木稠林，山上点缀着兰草与小树，其间掩映着几处密教寺院，只露出醒目的红色墙体；中台之上的文殊圣殿散发出神异的光芒，一座彩虹桥将中台和左侧的山峰连接在一起，与天空中散布着的七彩祥云相映成趣，一片文殊圣境的场景。在画面中心位置的中台之上，有一座白色的大塔耸立在山坡上，散发出万道金光，显现着祥瑞，这座白塔就是五台山最具标志性的建筑——大白塔。

大白塔，位于五台山塔院寺内，现存大白塔是明代重修的，因塔身通体皆白，民间俗称"大白塔"。大白塔始建于元成宗大德五年（1301），由八思巴的弟子、尼泊尔匠师阿尼哥设计建造，是他晚年的杰作。《凉国慧敏公神道碑》记载："大德五年建浮图于五台，始构有祥云瑞光之异。"第4窟壁画里的大白塔通体放出七彩光芒，天空之中亦有万丈祥云，显然是对大白塔初建时神异之相的表现。另外，榆林窟第12窟主室甬道北壁有一则画师写下的题记，即"临洮府后学待诏刘世福，到此画佛殿一所计耳，至正廿七年五月初一日计"。可知，临洮府的画师刘世福于至正二十七年（1367）在榆林窟画了一所佛殿。佛殿一般指的就是大洞窟，目前榆林窟元代洞窟仅有第4窟和第27窟，第27窟是一个仅有1米高的小洞窟，不够佛殿的规模，所以题记中的"佛殿"很可能是指第4窟。因此，第4窟的壁画很可能完成于至正廿七年。《凉国慧敏公神道碑》中记载阿尼哥在汉地修建的白塔一共有三座，分别是五台山大白塔、北京妙应寺白塔和北京西苑凌空玉塔。作为尼泊尔艺术进入中国的见证，除了北京西苑凌空玉塔被毁之外，北京妙应寺白塔和五台山大白塔经过历代重修，仍矗立在中国的大地之上。

### "峨眉山月半轮秋"

窟门西壁南侧绘普贤变，在碧绿的波涛上，普贤菩萨一行五人从祥云之上化现出来。普贤菩萨手持莲花坐在六牙白象背部的莲花座上，两侧各有一身罗汉和菩萨，由于颜料变色的缘故，原本的六牙白象变成了黑象，昆仑奴紧紧拉住缰绳，白象前的善财童子正回首望着普贤菩萨。出行图上部有三座高山，用青绿山水的风格描绘了普贤菩萨道场峨眉山的壮丽风景，山腰处有一圈黄色的烟云，这就是峨眉山著名的金顶三相之一"兜罗绵云"。峨眉山金顶高出云层，如果观者站立在光明顶上，茫茫的云海翻卷腾涌，一派天界景象，十分壮观，亦是当时天下僧侣梦寐以求的瑞象。在峨眉山的主峰上，绘有三座寺院，山坡上树木郁郁葱葱，山顶晚霞密布，月亮正从云彩中探出头来。整幅壁画正如李白在《峨眉山月歌》中所说的"峨眉山月半轮秋，影入平羌江水流"一般，描绘了傍晚时分峨眉山的秋景。

### 供养人

在窟门南北两侧经变画的下方，绘制的是蒙古供养人像。文殊变下方

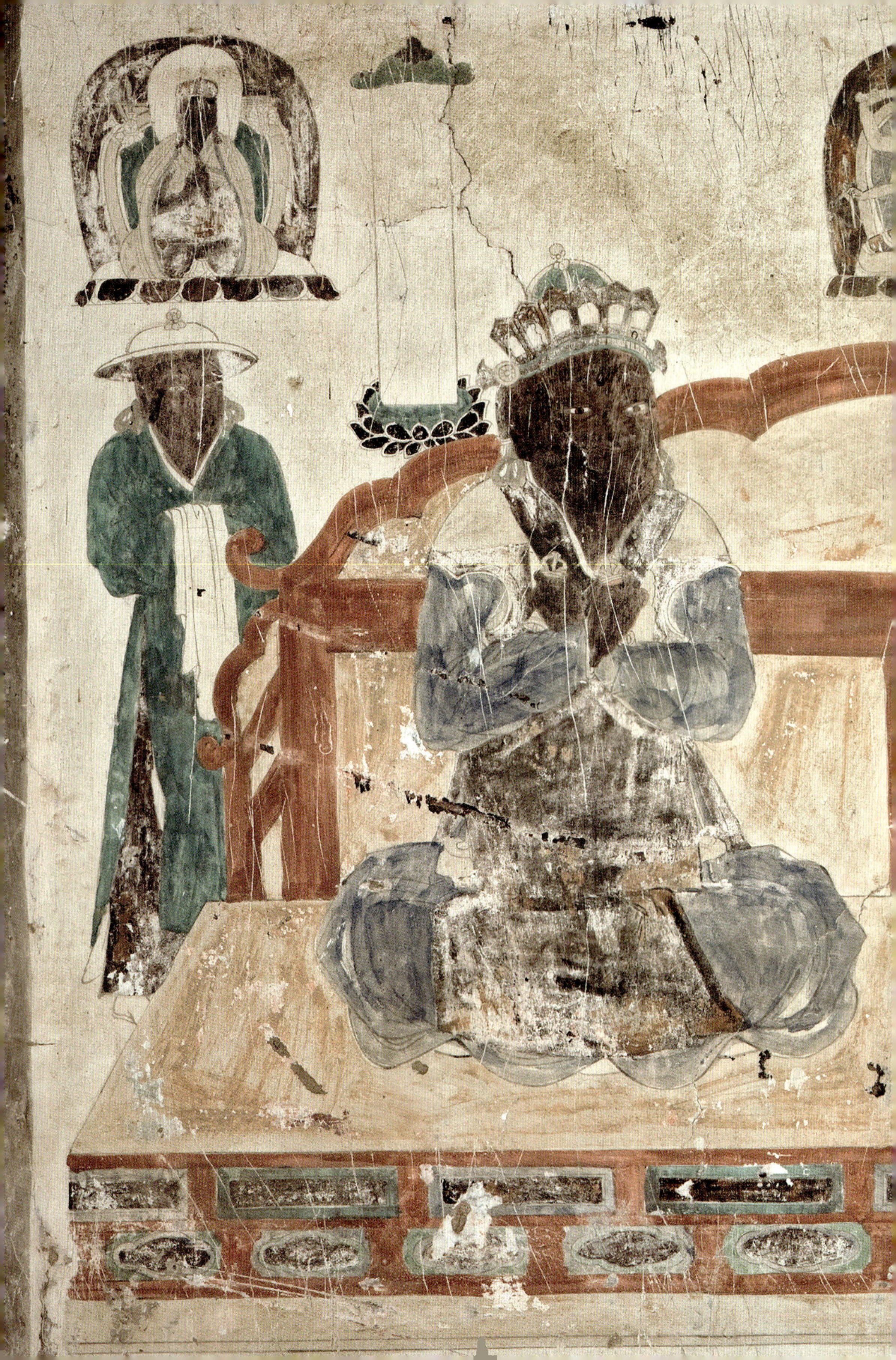

第八窟明窗前室西壁北側　元代供养人

的男供养人像与第 3 窟出现的蒙古族供养人像十分相近。普贤变下方家眷供养人像则稍有差别，第一身和第三身是头戴着姑姑冠（也写作罟罟冠）的蒙古族妇女像，第二身是披着头巾的少女形象，第四身是一位头戴笠帽、身穿袍服的男供养人像。综合分析来看，第二身少女应该是第一身女供养人的女儿，第四身少年应该是第三身女供养人的儿子。

姑姑冠是蒙古贵妇的头饰，汉字中的"美"描绘的就是人头顶华丽的冠饰。古代女性多用精美的头饰来精心装扮自己，中原女性一般会将头发束成股，然后穿插各种簪、钗、步摇、梳篦在上面，好像一座假山或盆景。蒙古族贵妇则使用可以安置更多装饰物的姑姑冠，后来这种头饰也传到了高丽，高丽女性也流行起蒙古发式，还曾掀起一股疯狂的攀比之风。由于后人对壁画的破坏，供养人的形象被刮得面目全非，壁画漫漶不清，没有留下供养人的题记，因此无法确定这些人物的身份。1281 年，元朝设立甘肃行省，开始在瓜州推行屯田，瓜州的经济逐渐复苏，第 4 窟的供养人应该与第 3 窟供养人一样是当地的行政长官。

除了达鲁花赤和知州等正常地方官吏之外，瓜州作为蒙古诸王的封地，蒙古皇室贵族也积极参与到榆林窟的营建中。榆林窟第 15 窟前室东壁窟口上北侧有十四行墨书题记，即《大元重修三危山榆林窟千佛寺记》，其中写道："大元守镇造……太子业□□里至三危，睹斯胜境，现□□见光相□室中，闻香气于岩窟，由是重建精蓝，复兴佛刹，广□缁流于四姓，多兴禅室于岩间也……至正十三年五月十五日重修记。"这里的太子并不是元朝皇帝的儿子，在蒙古皇室中，只要是诸王的儿子都叫太子，元代豳王家族的封地就在瓜州，这里出现的太子或许就是蒙古豳王的子孙。与此同时，榆林窟第6窟第二层前室窟门两侧出现了蒙古贵族供养人像，男女供养人都盘腿坐在床榻上，头戴着华贵的莲花冠，身穿华美的蒙古盛装，床榻的两侧各有一身侍从。通过对供养人服饰和布景器物的研究，学者们认为这就是蒙古王室的形象。

1372年，明朝开国名将傅友德带领西征军横扫河西走廊，在瓜州展开了扫清蒙古势力的最后一战，瓜州再次纳入中原王朝的怀抱之中。可惜好景不长，冯胜修建嘉峪关后，瓜州成为关外之地，嘉靖年间封闭嘉峪关之后，瓜州被大明王朝抛弃，这一时期整个敦煌石窟都没有石窟营建活动，榆林窟也从此沉寂了下来。第4窟是敦煌石窟中十分珍贵的密教洞窟，也是榆林窟晚期艺术的分水岭，自此之后的500年间，榆林窟再也没有出现能与其比肩的壁画艺术。

# 最后一个洞窟
## 第 43 窟

榆林窟第 43 窟是敦煌石窟有明确纪年洞窟中开凿最晚的一个洞窟。它与乐僔开凿的第一个洞窟遥相呼应，为敦煌石窟长达 1500 年的营建史画上了句号。

　　从元末到清初近 400 年间，是瓜州最落寞的阶段，直到雍正初年，为了平定西域的叛乱，清政府在瓜州设置了安西直隶州，瓜州重新成为中原王朝的领土。为了充实这片荒芜的土地，1733 年，清廷下令归附的额敏和卓率部万余人迁居瓜州，并在瓜州修建了瓜州五堡。乾隆年间，新疆光复，额敏和卓眼见故乡光复，就在 1755 年率领部众返回了吐鲁番。与此同时，清廷开始向安西直隶州大规模移民，垦荒屯田，再一次充实了当

瓜州五堡遗址

地的人口。这些移民中的绝大多数人来自今天的甘肃东部和陕甘交界地带，陇山地区的道教文化和儒家文化随之传入了瓜州，榆林窟第43窟就是在当时这种文化融合的背景下孕育而生的。

## 第43窟地理位置

第43窟的地理位置十分独特，它位于榆林窟东崖洞窟分布的最北端，

第 43 窟

距地面近 20 米的高崖上，是榆林窟开凿位置最高的一个洞窟。通向此窟的路并未在崖壁的表面，而是隐藏在洞窟内部。首先从第 29 窟的窟门进入，经过榆林窟第 29 窟前部空间，再穿过一段幽暗的向上甬道，到达第 29 窟的前室。第 29 窟的右侧是晚唐时期开凿的第 30 窟，再通过第 29 窟旁侧晦

第 43 窟在窟区的位置

暗的岔路口和漆黑的浅龛，整个通道有十余米长，它的尽头就是榆林窟著名的"道长楼"。道长楼的窟顶中央有一个直径约半米的洞口，爬上两米有余的竖洞，揭开木板，就到达第 43 窟。

第 43 窟的地理位置为何如此隐蔽，这背后到底掩藏着什么秘密呢？

第 43 窟窟门

晚清时期，处于西北边陲的瓜州政局不稳，盗贼蜂起，尤其是距县城较远的深山之中，常常有土匪流窜。守护榆林窟的道长们为了躲避盗匪的洗劫和杀害，就在第29窟旁开凿了道长楼。道长楼位于榆林窟窟区东崖的中上部，视野极好，可以俯瞰榆林河峡谷和整个窟区，一旦有异动便可尽早发现。为了方便逃生，人们将第43窟斜坡上原来的通道凿毁，又在道长楼的房顶开了洞口，并提前备好木梯，一旦有匪情，就立马爬上窟顶，搭乘木梯从东崖顶部逃遁而去。在那段危险的日子里，正是这条快速通道，挽救了一代又一代守护榆林窟的先贤们。

第43窟窟门为土木结构的单檐建筑，窟门的上部有一方绿底墨书题记，字迹漫漶不清，南侧有一行墨书小字"岜大清道光十六年"，可见这个洞窟开凿于1836年。近年，敦煌研究院开展了《敦煌石窟内容总录》的修订工作，对敦煌石窟进行了新一轮普查，普查结果显示敦煌石窟中清代开凿的洞窟主要集中在榆林窟和东千佛洞两处石窟中，就目前保存的有明确开窟题记的洞窟中，以榆林窟第43窟的开窟题记最晚。因此，榆林窟第43窟是敦煌石窟有明确纪年洞窟中开凿最晚的一个洞窟。它与乐僔开凿的第一个洞窟遥相呼应，为敦煌石窟近1500年的营建史画上了句号。

## 往圣先贤

第43窟为覆斗顶殿堂式窟，窟内四壁并未绘制壁画，仅保存着一座泥塑假山和15尊塑像。其中假山上的七尊塑像虽然已遭破坏，但在墙壁上还留下了写有塑像名号的榜题，所以今天我们才能了解洞窟初建时的全貌。洞窟内塑像的具体布局如下：

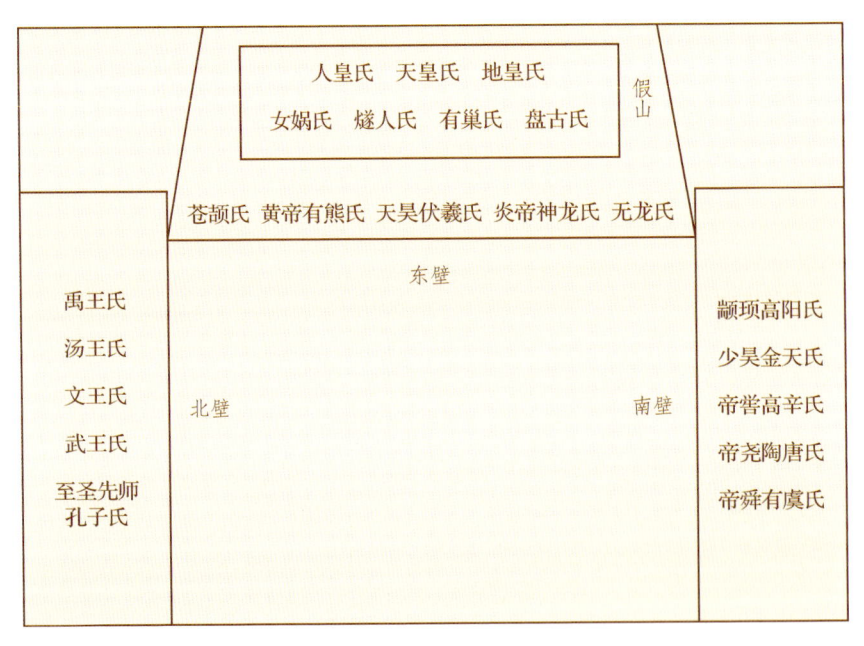

| | | |
|---|---|---|
| | 人皇氏　天皇氏　地皇氏<br>女娲氏　燧人氏　有巢氏　盘古氏 | 假山 |
| | 苍颉氏　黄帝有熊氏　天昊伏羲氏　炎帝神龙氏　无龙氏 | |
| 禹王氏<br>汤王氏<br>文王氏<br>武王氏<br>至圣先师<br>孔子氏 | 东壁<br><br>北壁　　　　　　　　　　南壁 | 颛顼高阳氏<br>少昊金天氏<br>帝喾高辛氏<br>帝尧陶唐氏<br>帝舜有虞氏 |

第43窟塑像布局示意图

东壁有塑像12身，除供台上五身塑像外，假山上原本有七身塑像，分上下两排。假山上第一排自北向南分别是人皇氏、天皇氏、地皇氏；第二排自北向南分别是女娲氏、燧人氏、有巢氏、盘古氏；供台上自北向南分别是苍（仓）颉氏、黄帝有熊氏、天昊伏羲氏、炎帝神龙氏、无（五）

龙氏。这显然是中国先祖信仰当中的"三皇"信仰。"三皇"究竟是哪三皇，历来众说纷纭，主要有以下五种说法：

| 作者 | 时代 | 古籍 | 三皇名称 |
| --- | --- | --- | --- |
| 司马迁 | 西汉 | 《史记·秦始皇本纪》 | 天皇、地皇、泰皇 |
| 司马迁 | 西汉 | 《史记·补三皇本纪》 | 天皇、地皇、人皇 |
| 郑康成 | 东汉 | 《尚书大传》 | 燧人、伏羲、神农 |
| 佚名 | 东汉 | 《春秋运斗枢》 | 伏羲、女娲、神农 |
| 皇甫谧 | 西晋 | 《帝王世纪》 | 伏羲、神农、黄帝 |

由此可以看出，这个洞窟几乎把所有关于"三皇"的人物都塑了出来。南壁供台之上塑有五身塑像，东起为颛顼高阳氏、少昊金天氏、帝喾高辛氏、帝尧陶唐氏、帝舜有虞氏，这显然是"五帝"的塑像。而关于"五帝"之说，主要有以下五种：

| 作者 | 时代 | 古籍 | 五帝名称 |
| --- | --- | --- | --- |
| 吕不韦 | 战国 | 《吕氏春秋》 | 太昊、炎帝、黄帝、少昊、颛顼 |
| 司马迁 | 西汉 | 《史记·五帝本纪》 | 黄帝、颛顼、帝喾、尧、舜 |
| 刘向 | 西汉 | 《战国策·赵策》 | 庖牺、神农、黄帝、尧、舜 |
| 班固 | 东汉 | 《汉书·王莽传》 | 喾、尧、舜、禹、汤 |
| 皇甫谧 | 西晋 | 《帝王世纪》 | 少昊、颛顼、高辛（帝喾）、尧、舜 |

通过对第43窟东壁和南壁塑像身份的辨识，可知这个洞窟表达的是古代以"三皇五帝"为代表的先祖信仰。第43窟"五帝"谱系与《尚书序》和《帝王世纪》中记载的"五帝"相同，可见从西晋皇甫谧创作《帝王世纪》之后，"五帝"的人物构成在河西走廊是相对固定的，但这里的"三皇"并未给出确定的答案，而是将历史上有争议的人物全部塑出来，体现出"三皇"所代表的神话人物在清代的不确定性。因为在古代的行文之中，"三"和"五"多用于泛指。"三皇五帝"的先祖信仰和谱系是历经战国、秦汉、魏晋长期的争论和重构，基于古代皇权法统来源的现实需求，人们从上古神话传说中的人物和祖先神灵中挑选出八位组成不同的"三皇五帝"帝王谱系结构。后来，儒家成为皇权系统的维护者，便托古完善了传承有序的"三皇五帝"帝王沿袭系统，即吕思勉所说的"三皇五帝之名，旧有之矣。托诸天地人，盖儒家之义也"。

"三皇"的时代距今非常久远，从女娲造人的传说来看，体现的是"只知其母，不知其父"的母系氏族社会的特征；燧人氏钻木取火则表示开始使用火；神农氏尝百草代表着农业的产生；有巢氏建造房屋代表着人类开始从穴居转变成自建房舍。这些人物都是人类每个社会转型阶段的节点人物，儒家把社会的进步集中在一个个节点人物的创造发明上，这是中国最早的先祖信仰的体现。"五帝"时代则距夏朝不远，他们是在国家出现之前，人类从原始部落向国家过渡阶段的重要人物，往往体现的是以一己之力引领民众缔造一个辉煌的时代，是权力产生的时代。"五帝"的谱系已经不单纯是时间的先后，而是表现出权利开始交替和传承。正因如此，秦始皇将"三皇"之"皇"和"五帝"之"帝"结合在一起，自称"皇帝"，成为皇权的法统来源，而"皇帝"的诞生就是把"三皇五帝"和后来的"三王"贯穿为一个时间轴上和传承线上的绝对整体。继"三皇五帝"之后，第43窟北壁供台之上也塑有五身塑像，东起为禹王氏、汤王氏、文王氏、武王氏、至圣先师孔子氏。在这些塑像中，"禹王氏"排在了第一位，这反映出当时人们对于夏、商、周三代的普遍共识。大禹在历史上的地位非常重要，他是中国古代社会从"公天下"的禅让制向"家天下"的君主制转变时期的节点人物。在第43窟中，大禹既是南壁塑像尧、舜、禹这一禅让体系中的最后一位，又是北壁夏、商、周三代君主制的第一人，可见在清代，人们将大禹视为夏王朝的开创者。

孔子作为儒家的开创者，在儒家题材的洞窟中必然占有重要的地位。第43窟将孔子作为圣贤崇拜的最后一人，可见清代民间社会对孔子的推崇，即视孔子为"三皇""五帝""三王"的继承者。孔子曾多次赞叹夏、商、周三代的开创者，仅在《论语》中就有33章谈到了先王。在《论语·八佾》中甚至感叹"周监于二代，郁郁乎文哉，吾从周"。孔子一生对三代时期的社会非常倾慕，在社会治理中提倡法先王之道。因为孔子的影响力，历代王朝政权将儒家所认同的圣贤纳入正祀、赐予封号、建庙祭祀，从而树立整个社会的道德标杆，以使民众明德行善，实现规范和引导作用。

中国古代在进入三代社会之始，制定祀典已成为国家制度，比如商代实行的周祭制度。周祭是商王及王室贵族用翌、祭等五种祀典对其祖先周而复始地进行祭祀。周代也有禘祭制度，其包括"祀天地于郊，以其始祖配之；四时享先王之时祭；四时之祭外，祭于群庙为禘"等内容，可见始祖信仰已经成为周代祭祀的重点。据春秋战国以来的古籍记载，五帝祭更是成为常见的祭祀内容。从第43窟主室北壁西侧的游人题记"三皇神洞寻祖根，世人不知胡早桑"就可以看出，这种"寻根"式的民间祭祀活动一直承传至晚清也没有中断，可见这种信仰的根深蒂固和影响力。

第43窟塑像的布局也是合乎祭祀法理的，正壁为"三皇"，南壁为"五帝"，北壁为三代帝王及孔子，应是按照中国"以上为首，以左为尊，右次之"的排位传统，体现了人物的历史沿革和传承关系。在这之中，孔子是最后一位，也是总结性的一位，体现了儒家这一鲜明题材。

## 儒家题材在敦煌石窟出现的意义

西晋灭亡之后，儒士们也走上了逃亡之路，在当时的天下，唯一安全的似乎只有两个地方，即江南和河西。于是，一部分儒生们纷纷来到相对安定的河西走廊躲避战乱，以郭瑀、郭荷和刘昞师徒三代所代表的儒生们在河西走廊学习、传承和开拓。经过数百年的积淀，成就了中国文化史上著名的河西儒学和五凉文化，后来北魏灭掉北凉之后，又将河西儒学传到中原，成为后世儒学的重要源头。因此，在敦煌石窟开凿的早期阶段，恰好是河西儒学发展的鼎盛时期，敦煌石窟中就免不了出现儒学的影子。在敦煌壁画中，西魏时期就已经出现了有关儒家先祖信仰的图像，如莫高窟第249窟窟顶出现的人皇、地皇、天皇、伏羲、女娲等形象。但是，莫高窟毕竟是佛教圣地，如第285窟是一个以佛教为主要题材的洞窟，窟顶出现的儒家和道教的人物形象仅是整铺壁画内容的配角，这是为了满足当时人们多样化的精神需求而增补的。因此，在佛教石窟中，与其有竞争关系的儒家和道教很难有突出表现，石窟本来就是佛教的宗教空间，儒家内容在莫高窟受到了极大的限制。

儒家主题洞窟的营建最早出现在大足石刻，庄园主严逊在北宋元丰六年至绍圣三年（1083—1096）开凿的石篆山石窟中，有一处"文宣王龛"。唐开元二十七年（739），唐玄宗封孔子为"文宣王"，宋大中祥符元年（1008），宋真宗封孔子为"至圣文宣王"，所以这龛造像是以孔子为主题的。龛内除了孔子像之外，还有子路、颜回、子贡等十大弟子的形象，这种组合明显是受到了同时期非常流行的释迦牟尼与十大弟子形象的影响。除此之外，1144年开凿在大足妙高山的第2窟内，出现了释迦牟尼、老子、孔子并列的三教龛，是当时三教合一思想的艺术呈现。在南宋时期，同样三教合一的造像龛还有1172年开凿的佛安桥三教龛和1210年开凿的石壁寺三教龛等。以孔子为代表的儒家题材在石窟中的大量出现，表明原本作为佛教专用空间的石窟开始接纳其他题材，空间的使用日渐突破宗教边界，成为承载中国文化的公共空间。到了清代，敦煌石窟所承载的内容五花八门，从榆林窟现存清代开凿的9个洞窟和部分重修洞窟来看，

涉及道教、儒家、民俗、疫情、自然灾害等众多内容。石窟功能的变化代表了佛教进入中国之后，随着佛教中国化的过程自身也逐渐成为中国文化空间的一部分。佛塔和石窟一样，早已不再是专门用于佛教的外来

榆林窟全景图　清代绘画

建筑，而逐渐成为中国建筑的重要组成部分。儒家内容进入石窟似乎理所当然，因为早在河西石窟诞生之前，作为儒生们教室的石窟已经在临松薤谷里出现。《晋书·郭瑀传》中记载郭瑀在张掖隐居时，"隐于临松

薤谷、凿石窟而居"。《甘州府志》中也记载道:"石洞凿者,郭瑀及其弟子,后人扩而大之,加以佛像。"从郭瑀的书房到佛教的石窟,这就是马蹄寺的诞生,也是儒学和佛教的渊源。到了榆林窟第43窟,石窟再一次成为儒家祭祀和追忆先贤的殿堂,是河西石窟隔着1500年的一次遥相呼应。

马蹄寺石窟

第43窟既非佛教洞窟,也非道教洞窟,而是敦煌石窟中唯一的儒家题材洞窟。人物按照"三皇五帝"、历代先王的顺序,最后以孔子结束,几乎囊括了先秦时代所有的传奇人物,体现了清代时期的先贤崇拜。作为敦煌石窟最后一个洞窟,其独特的内容再一次丰富了敦煌石窟的文化内涵。

# 道士与红军

> 因为亲眼见过了红军队伍的与众不同，郭道长对自己曾经帮助过的这支军队怀有坚定的信心，他一直在茫茫的戈壁滩中等待着他们的再次到来。

## 守护象牙佛

1896年，在张掖市高台县南华乡一个破败的村庄里，一个男婴出生了，取名为郭永科。七岁时他的父亲就去世了，为了活下去，他只好去地主家当短工。1926年，刚刚成立的国民革命军开始北伐。冯玉祥为了响应北伐，在西北大量征兵。郭永科从军阀的搜捕中逃了出来，从此不敢回乡。幸好年轻的郭永科有一膀子力气，逃难的时候就靠在地主家打短工度日，这样一路逃到了踏实堡（今瓜州县锁阳城镇）。

位于踏实堡40里处的榆林窟，此时正由马荣贵道长看护。郭永科对道教非常感兴趣，常常会去榆林窟请教马道长。他对知识渊博的马道长十

象牙佛

分崇敬，经过深思熟虑之后，他决心拜马荣贵为师。当时道长收徒弟一般只收儿徒，就是自小跟着道长，培养如父子一样的感情，长大后给师父养老送终。而此时的郭永科已经30岁了，马道长便不愿意收他，郭永科却十分坚持，常常在农闲时前来侍奉马道长。整整三年，郭永科都不改初心，马道长最终被他的诚意所打动，正式收他为徒，并赐道号"元亨"。此后，

郭元亨

师徒二人住在榆林窟附近的蘑菇台，种着几十亩薄田，安稳度日。然而，马荣贵道长的内心其实从未安稳过，因为他一直守着一个十分重要的秘密，这个秘密关乎榆林窟前后几代道长守护在这里的意义所在。已经年迈的马道长担心自己一旦遇害去世，这个秘密将无人知晓，几代守窟人的心血也将化为泡影，是时候选择一个新的继承人了。马荣贵看中了郭元亨，于是就在榆林窟道长楼的密室里给这个亲传弟子讲起了象牙佛的故事：

乾隆年间，有位名叫吴根栋的喇嘛云游到了榆林窟。此时的榆林窟已经废弃了300余年，窟前的房屋残破不堪。吴根栋四处化缘，终于筹得资金，雇来劳力清理洞窟里的积沙，就在清理出榆林窟第5窟唐代涅槃大佛的同时，在佛头附近的位置发现了用黄绫层层包裹着的稀世珍宝象牙佛。传说，这件国宝是玄奘经过瓜州时，为感谢石槃陀等人帮助他的恩情而留在瓜州的。也许就是为了安置这件国宝和纪念玄奘取经的功劳，初唐时期的瓜州人就在榆林河畔开凿了榆林窟，象牙佛也供奉于此。嘉峪关封闭之后，供奉在榆林窟的象牙佛也销声匿迹。直到吴根栋发现它之后，象牙佛再次成为榆林窟的镇窟之宝。榆林窟发现象牙佛的消息成为整个河西地区宗教界的大事，百姓们纷纷认为是佛陀显灵，榆林窟的香火又一次旺盛起来。

1807年，吴根栋在榆林窟圆寂。在圆寂之前，他将象牙佛交到了住在蘑菇台的杨元道长手中。榆林窟第4窟前的覆钵形土塔就是吴根栋喇嘛的舍利塔，后来，舍利塔在大雨中被冲毁，人们就将他的舍利存放在今第4窟和第5窟之间没有编号的洞窟内。

喇嘛塔

1873年，一支西逃的部队进犯瓜州。他们听说了国宝象牙佛的消息，赶马来到榆林窟绑架了杨元道长，严刑逼问象牙佛的下落。杨元道长誓死不从，他们就在榆林窟西崖的木楼中把他残忍地杀害了。杨元道长成为因保护象牙佛牺牲的第一个人。杨元道长的弟子李教宽为了完成师父交给他的使命，怀揣着象牙佛，连夜离开了榆林窟，所有人都不知道他的去向。

第三代榆林窟的主持严教荣道长是李教宽的师弟，为了寻找象牙佛，他一直苦苦打探着李教宽道长的去向，终于从金塔县来的一个老香客那里得知了李教宽的踪迹。原来李教宽出走后，为了躲避土匪，一路化缘来到了左宗棠主政的肃州。李教宽隐居在肃州南山，成为当地有名的隐士，死里逃生的他又在肃州染上了恶疾。李教宽觉得自己命不久矣，为了保护师父舍命守护的象牙佛，就将它托付给朋友盛居士保管。盛居士的同乡梁贡听闻此事，认为佛宝应该供奉于佛寺，所以力劝盛居士将象牙佛供养在金塔县的塔院寺内。

1904年，当严教荣知道象牙佛的踪迹后，与同乡张荣、王祖英、温国民等24人，走访瓜州各村各户募捐。百姓们纷纷慷慨解囊，捐财捐物，前后历时三个月，花费了218两白银后，终于将象牙佛迎回了榆林窟。我们今天之所以能够清楚地知道这件事的来龙去脉，是因为在榆林窟四合院里，保存有一块迎回象牙佛之后书写的匾额，上面完整地记录了整件事情的经过。

花费了大半生才找回来的象牙佛，严教荣道长十分担心它再一次被人盯上，80多岁的他已经没有精力和能力保护它了，于是就把这个重任托付给了他的徒弟马荣贵。之后，抢夺象牙佛的惨剧又一次在戈壁里上演。严教荣收留的金客（瓜州金矿存量丰富，古代常有偷偷进山采矿的人）拿刀逼问他象牙佛的所在，严教荣守口如瓶，金客见得到象牙佛无望，便残忍地杀死了严教荣，抢走他身上的银两后，逃之夭夭。严教荣道长成为因守护象牙佛而牺牲的第二人。守护象牙佛的重担便落到了弟子马荣贵的肩上。于是，马荣贵大张旗鼓地向安西直隶州府报了案，对外谎称象牙佛已经被金客抢走，下葬师父的时候，悲痛之情令当地百姓动容。收了弟子郭元亨之后，马荣贵觉得自己终于可以把肩头沉重的担子交给他了，就在榆林河畔详述了象牙佛的前世今生。

马荣贵把象牙佛交给了郭元亨保管，并嘱托他，"不到太平盛世，不可让象牙佛现世"。每一任榆林窟的道长将象牙佛传给自己的弟子时都于心不忍，因为死神的镰刀也同样会降临到弟子的身上，乱世之中，珍宝象牙佛就是催命符。觊

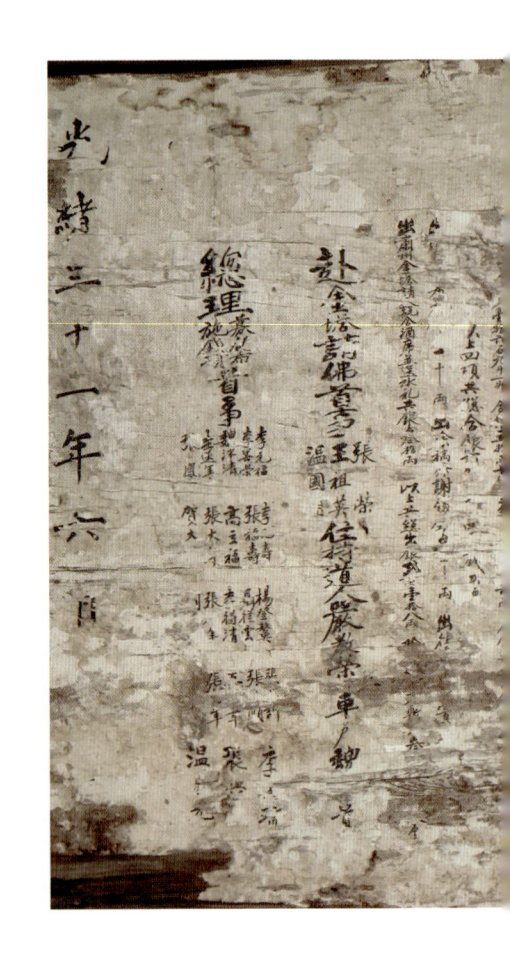

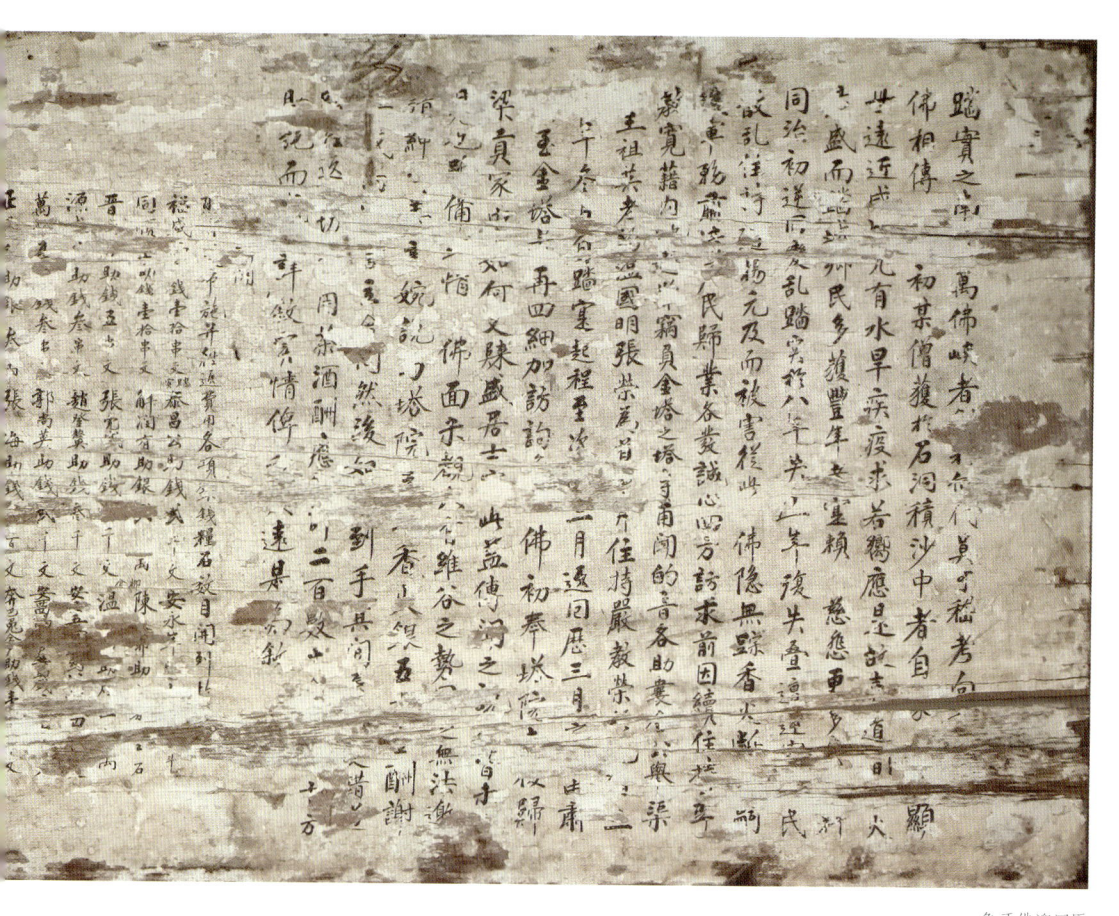

象牙佛迎回區

觊国宝的土匪们依然贼心不死,他们在马荣贵道长前往昌马的路上劫道,逼他交出象牙佛,任凭马荣贵百般解释,土匪根本不为所动。马荣贵道长深知在劫难逃,趁土匪不注意,飞身跃下悬崖,他成为因守护象牙佛牺牲的第三人。郭元亨闻知此事后,悲痛欲绝,来不及伤感,他赶紧在山里找到了一处高悬的老鹰窝,将象牙佛藏了起来。郭道长后来找到师父的尸骨,将他安葬之后,继续回来守护榆林窟。

## 慷慨解囊助红军

与此同时,中原大地掀起了一场惊天动地的革命。红军三大主力会师后,红四方面军位于黄河西岸的两万余人按照中央部署组成红西路军,于1936年11月翻越乌鞘岭,全军挺进河西走廊。此时的河西正处于国民党军阀的控制之下,为了躲避国民党军的围剿,红西路军退入白雪皑皑的祁连山。经过43天的艰苦跋涉,红西路军终于走出雪山。

1937年4月22日,红西路军左支队先头部队在石包城蒙古族牧民诺尔布藏木的带领下,沿着榆林河,来到了郭元亨修道的蘑菇台。饱受军阀、土匪凌辱欺负的郭道长,第一次见到这样秋毫不犯的队伍,看到这样的队伍,他觉得师父所说的太平盛世即将到来,象牙佛也出世有望了。郭道长连忙盼咐徒弟搬出道观里的所有存粮。他支援了这支队伍小麦2石4斗、黄米6斗、胡麻油30斤、硝盐4袋以及20只羊。甚至,他看到红军连驮这些物资的牲口都没有,不忍红军将士们背着沉重的口粮去穿越前方的战火，就将平时耕地的两头牛和自己进城用的一匹马也都送给了红西路军。红西路军将士们被郭道长的热情深深地触动，他们将郭道长所赠之物一一记录下来，写成一张欠条。他们告诉郭道长，不管未来局势怎样，也不管这一路自己能否存活下来，只要红西路军有一人逃出生天，只要革命火种不灭，未来就一定会有革命队伍再次来到这里，到时只要出示这张欠条，人民的军队一定会帮助他。在郭道长道观的磨坊里，红西路军召开了西征以来的最后一场会议，计划攻下安西县城之后，逐步撤到新疆境内。但是，因为情报有误，再加上国民党军拥有河西走廊优良的军马，他们迅速驰援，导致红西路军在攻打安西县城的战役中付出了惨痛的代价。红西路军只好又退入山里，从王家屯突围，经过白墩子（玄奘取经时的驿站）和红柳园的血战，最后到达入疆门户星星峡时，只剩下400多人，这是红西路军的最后一战。

此时，驻守安西的国民党军阀听说郭道长曾援助过红西路军和榆林窟藏有绝世珍宝象牙佛的消息，便发兵包围了蘑菇台。他们先是当着郭道长的面残忍地杀害了他的弟子，用来震慑眼前这个瘦弱的老道长。见郭道长仍然不吐露象牙佛的所在，他们便扒光郭道长的衣服，把他捆绑在榆树上，用马鞭抽打郭道长干瘦的躯体。在非人的拷打之下，郭道长始终没有交代象牙佛的下落，他们觉得一个平凡老百姓肯定受不了这种苦，看来这里真是没有象牙佛，眼看着这个老道士奄奄一息，就把他扔在了河滩上，将蘑菇台仅剩的一点粮食和钱财搜刮一空，又去榆林窟损毁若干精美的壁画，

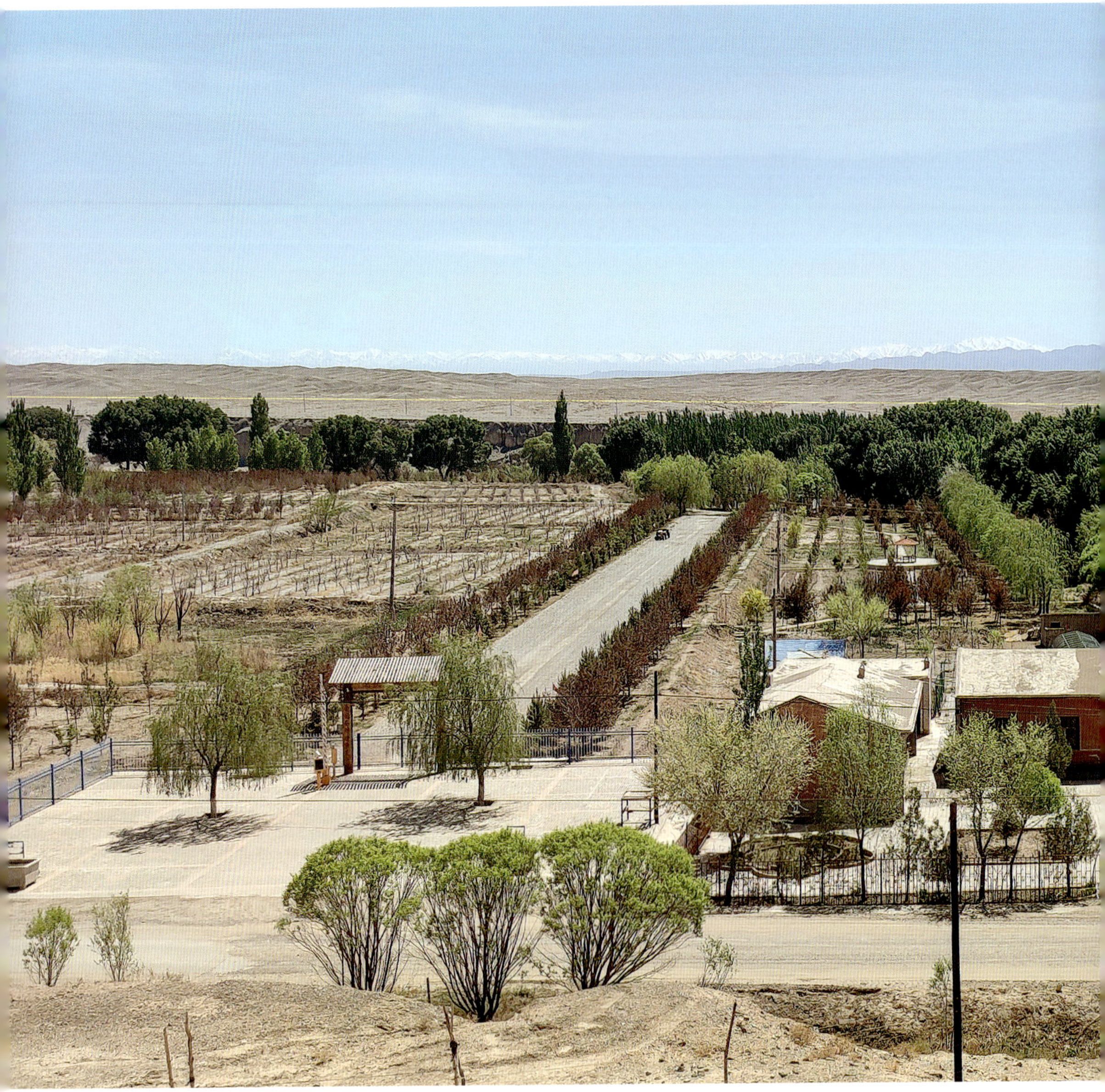

蘑菇台

然后扬长而去。恰巧乡民王登贵路过蘑菇台来找郭道长讨水喝，发现了满身血污的郭道长鼻息尚存，就赶紧驾车飞奔回踏实乡接来了郭道长的好友梁克仁大夫。此时郭道长的身上已经爬满了啃食烂肉的蛆虫，梁大夫用土法为郭道长做了清除和包扎之后，剩下的只能听天由命。也许是守护象牙佛的责任还没有完成，郭道长在强大的生存意志下终于活了下来。然而，郭道长后背肌肉大部分僵死，左胳膊萎缩残废，身上更是不见一处完整的皮肤。劫后余生的郭道长并没有因担心再次遭受迫害而离开榆林窟，而是依旧守护着榆林窟，耕田除草，诵经悟道。

就在红西路军抵达新疆后不久，"七七事变"爆发，全面抗战自此开始。在榆林窟第38窟墙壁上，至今仍保存有瓜州乡民分别在1938年和1939年写的"打倒倭寇只等闲"题记，这是敦煌石窟唯一保存有抗日内容的洞窟。

因为亲眼见过了红军队伍的与众不同，郭道长对自己帮助过的这支军队怀有坚定的信心，他一直在茫茫的戈壁中等待着他们的再次到来。这一等就是十年。十年间，河西走廊依旧是军阀当道，土匪横行。经历过酷刑的郭道长，身体一天不如一天，但他依然坚守在榆林窟，守护着象牙佛的秘密。1949年9月28日，人民解放军接管了安西县城，开始组建新的安西县政府。郭道长听说安西县城里现在是共产党的军队，他感到师父所说的太平盛世就要到来了，象牙佛也到了它该现身的时候了。

1950年3月的一天，是郭道长饱经沧桑的心最激动的一天。自从师父被人杀害之后，他孤身一人在榆林窟咬着牙守了近20年，这一刻，他终

西路军最后一战纪念塔

> 杨元道长在严刑拷打下，始终不曾说出象牙佛的下落，最终被残忍杀害。象牙佛被李教宽带离榆林窟，不知所踪。
>
> 杨元道长成为因守护象牙佛而牺牲的第一人。

> 盛居士在其同乡梁贡的建议下将象牙佛供养在金塔县塔院寺内。
>
> 象牙佛被迫流散于外。

> 乾隆年间，吴根栋喇嘛于榆林窟第5窟涅槃佛像的佛头附近发现了稀世珍宝象牙佛。
>
> 象牙佛重新出世，并成为榆林窟的镇窟之宝。

> 李教宽道长将象牙佛带至金塔县，并在临终前将其托付给好友盛居士保管。
>
> 象牙佛被迫流散于外。

> 严教荣道长得知象牙佛的下落后，与乡民一起迎回象牙佛。不久，象牙佛又被金客盯上，严教荣道长因保护象牙佛而被杀害。
>
> 象牙佛重回榆林窟，严教荣道长成为因守护象牙佛而牺牲的第二人。

于可以放下重担了，他拄杖徒步到踏实乡政府，报告了自己埋藏象牙佛的事。政府派了两名工作人员，跟随郭道长取回象牙佛。三月的榆林窟依然寒风刺骨，郭道长带着两人来到了秘藏国宝的鹰窝旁。郭道长颤颤巍巍地刨开鹰窝里的砂石，从里面取出一个锈迹斑斑的铁盒，他小心翼翼地揭起铺满盒子的黄绸一角，精美绝伦的象牙佛在晨光中泛着圣洁的光泽。象牙佛重新出世后，由于安西县并没有专门的博物馆，所以在安西县短暂地保存之后，于1954年转交给甘肃省文物管理委员会保存。1956年，象牙佛收藏于甘肃省博物馆，1958年，又被移交到中国历史博物馆（今中国国家博物馆）。直至今日，象牙佛一直保存在中国国家博物馆的文物库房里。

## 象牙佛流散过程示意

马贵荣道长谎称象牙佛被抢，但土匪们并不相信，依旧逼问象牙佛的下落，马道长被迫跳下悬崖，英勇牺牲。

马贵荣道长成为因守护象牙佛而牺牲的第三人，象牙佛被迫再次隐世。

1950年3月，郭元亨道长将象牙佛上交给踏实乡政府，象牙佛自此结束了颠沛流离的隐世之路。

象牙佛再次重现于世。

郭元亨道长将象牙佛藏在山里的一处老鹰窝中，虽经严刑拷打，却始终没有说出象牙佛的下落。

郭道长幸得乡民施救而得以存活，历史的悲剧没有再次上演。

今天，象牙佛安然无恙地保存在中国国家博物馆的文物库房中。

众人不畏生死，守护国宝象牙佛的事迹将永世流传。

上交完象牙佛之后，郭道长因曾帮助过红西路军及守护国宝象牙佛而被推选为安西县人民委员会委员、甘肃省人民代表大会代表、政协甘肃省委员会委员，后成为敦煌文物研究所（今敦煌研究院）的文物保管员，继续守护着全国第一批重点文物保护单位——榆林窟。1976年，80岁的郭道长守护榆林窟整整50年，同年7月18日，他在榆林窟溘然长逝。遵照他的遗嘱，人们把他的遗体葬在他的救命恩人梁克仁大夫的墓旁，他的墓就在今天锁阳城遗址的东侧。郭道长用自己的一生守护象牙佛，即使多次面对濒临死亡的绝境，依然不向匪寇低头，最终守住了象牙佛。他冒着被马家军残杀的风险援助了困境中的红军战士，并对红西路军慷慨解囊。郭道长用他短暂的一生，为国家文物保护和革命事业做出了巨大的贡献，但他的故事却鲜有人知，就如同他守护的榆林窟一样，安然地隐于戈壁深处。

榆林窟作为我国的文化瑰宝，至今仍然保存得如此完整，与一代代的守窟人有莫大的关系。从乾隆年间吴根栋到达榆林窟开始，弃置在戈壁中数百年的榆林窟，再一次燃起了香火。直到1976年郭道长仙逝，榆林窟历经一位喇嘛和五位道长的守护，整整170年，这在那个动荡的年代里，是文物保护界的奇迹。其中，三位道长为护国宝而牺牲，郭道长也遭受酷刑，这种守护精神成为敦煌石窟最珍贵的精神财富。

# 榆林窟历史年表

| | | |
|---|---|---|
| 玄奘回国经过瓜州,榆林窟在此后不久开凿 | 644 年 | 唐太宗出征高句丽 |
| 第 6 窟建成 | 695 年前后 | 武则天执政时期 |
| 第 25 窟和第 15 窟相继建成 | 776—848 年 | 吐蕃占领河西走廊 |
| 第 25 窟出现榆林窟最早的一则纪年题记 | 900 年 | 七年后,唐朝灭亡 |
| 第 19 窟定国寺禅师写下发愿文 | 926 年 | 辽太祖耶律阿保机逝世 |
| 惠聪在第 15 窟和第 16 窟写下《榆林窟记》 | 1074 年 | 王安石第一次罢相 |
| 第 29 窟建成 | 1193 年 | 西夏皇帝李仁孝逝世 |
| 大理人来到榆林窟礼佛 | 1198 年 | 两年后,朱熹逝世 |
| 第 4 窟建成 | 1367 年 | 一年后,明朝建立 |
| 第 11 窟建成 | 1819 年 | 一年后,嘉庆皇帝逝世 |
| 第 43 窟建成 | 1836 年 | 四年后,第一次鸦片战争爆发 |
| 瓜州人为患黑死病的家人祈福 | 1866 年 | 孙中山出生 |
| "庄严法界"匾额制成 | 1901 年 | 《辛丑条约》签订 |
| 象牙佛回归榆林窟 | 1904 年 | 一年后,科举制废除 |
| 斯坦因来到榆林窟 | 1907 年 | 黄冈起义爆发 |
| 红西路军来到蘑菇台 | 1937 年 | "七七事变"爆发 |
| 瓜州人在第 38 窟写下抗日题记 | 1938 年 | 台儿庄战役爆发,毛泽东发表《论持久战》 |
| 张大千来到榆林窟 | 1941 年 | 日军偷袭珍珠港 |

深谷春芽

落木知秋

圣境临冬

沙海袭来

仙岩子夜